Libro de Actividades de los
milagros de la Biblia

Libro de actividades de los milagros de la Biblia

Bible Pathway Adventures® es una marca registrada de BPA Publishing Ltd. Defenders of the Faith® es una marca registrada de BPA Publishing Ltd.

ISBN: 978-1-989961-95-7

Autora: Pip Reid
Director Creativo: Curtis Reid
Editora: Aileen Nieto

Para obtener recursos bíblicos gratuitos y Paquetes para Maestros, incluyendo páginas para colorear, hojas de trabajo, exámenes y más, visite nuestro sitio web en:

shop.biblepathwayadventures.com

◈◇ INTRODUCCIÓN ◇◈

A sus niños les encantará explorar los milagros más increíbles de la Biblia con el *Libro de actividades: Milagros de la Biblia*. Con planes de lección fáciles de seguir, divertidos rompecabezas, páginas para colorear y hojas de trabajo, este libro de actividades da vida a los milagros más maravillosos de la Biblia. Referencias a las escrituras para una fácil búsqueda de versículos de la Biblia y una guía de respuestas para educadores hacen que este libro sea indispensable para cualquier familia o clase sobre la Biblia.

Bible Pathway Adventures® ayuda a los educadores y padres a enseñar a los niños la fe bíblica de una forma divertida y creativa. Hacemos esto a través de nuestros cuentos ilustrados, libros de actividades y recursos imprimibles, todo disponible en nuestro sitio web: www.biblepathwayadventures.com.

Gracias por comprar este libro de actividades y apoyar nuestro ministerio. Cada libro comprado nos ayuda a continuar nuestro trabajo proporcionando paquetes de clases gratis y recursos de discipulado a familias y misiones en todas partes del mundo.

¡La búsqueda de la verdad es más divertida que la tradición!

◆◇ TABLA DE CONTENIDOS ◇◆

PLAN DE LA LECCIÓN

Cruce del mar Rojo: Éxodo 11:1-14:30

Objetivos de la lección:

Al final de esta lección, los niños podrán:
1. Entender por qué los israelitas huyeron de la tierra de Egipto
2. Entender cómo los israelitas cruzaron el mar Rojo

1. Considere las siguientes preguntas:

a. Muestre a los niños imágenes de la vida en el antiguo Egipto. ¿Cómo creen que era la vida de los egipcios? ¿Cómo era la vida como esclavo? ¿Por qué querrían salir de Egipto?
b. ¿Qué sabes sobre la historia del cruce del mar Rojo?

2. Repaso del vocabulario clave:

◉ FARAÓN:
el rey de Egipto

◉ MOISÉS:
el líder de los israelitas

◉ EGIPTO:
un país en el Medio Oriente. Los antiguos hebreos fueron esclavos en este país hasta que Dios los liberó

◉ EGIPCIOS:
una nación de personas que habitaron en la tierra de Egipto

◉ ISRAELITAS:
miembros de las 12 tribus de Israel

◉ FIESTA DE LOS PANES SIN LEVADURA:
uno de los tiempos designados de Dios (Levítico 23), que comienza con la cena de la Pascua

3. Lee Éxodo 11:1–14:30 en la Biblia o lee la siguiente historia:

Los israelitas fueron esclavos en la tierra de Egipto por muchos años. Pero Dios tenía un plan para liberarlos. Llamó a Su siervo Moisés para que librara a Su pueblo de Egipto. Solo había un problema: el faraón, el rey de Egipto. Él nunca dejaría ir a los israelitas. Para hacerlo cambiar de opinión, Dios envió diez plagas que aplastaron a los egipcios. El faraón finalmente estaba listo para escuchar. Durante la Fiesta de los Panes sin Levadura, los israelitas salieron de Egipto. Una columna de nube de día y una columna de fuego de noche les mostraba el camino que Dios quería que siguieran. Cuando llegaron al mar Rojo, Dios le dijo a Moisés: "Dile al pueblo que acampe aquí. He endurecido el corazón del faraón para que su ejército venga tras de ustedes. Me ocuparé de sus soldados". Dios cumplió Su palabra. El corazón del faraón se volvió tan duro como una piedra. Reunió todos sus caballos, carros y soldados, y corrió por el desierto tras los israelitas. Ellos gritaron de miedo. ¿Cómo podrían escapar de los poderosos egipcios? Dios ordenó a Moisés que levantara su bastón sobre el mar. Durante toda la noche, un viento del este sopló sobre el mar, separando las poderosas aguas hasta que apareció un camino seco. El viento soplaba y el mar rugía. Con el corazón palpitante de miedo, los israelitas corrieron por el camino a través del agua. Cuando el faraón vio lo que estaba pasando, envió a sus soldados tras ellos. Pero Dios hizo que el ejército del faraón entrara en pánico. Los caballos estaban aterrorizados, los soldados quedaron atrapados en la arena y las ruedas de sus carros se rompieron en el barro. Cuando los israelitas llegaron al otro lado, Dios dijo: "Moisés, extiende tu mano sobre el mar y el agua cubrirá a los egipcios". Moisés hizo lo que Dios le dijo y las gigantescas paredes de agua se derrumbaron sobre los soldados egipcios y sus carros. El ejército del faraón quedó completamente destruido. Los israelitas bailaron y cantaron una canción de alabanza a Elohim por haberlos salvado del poder de los egipcios.

Oración de cierre:

◉ Termine la lección con una oración.

4. Repaso de la historia de la Biblia:

1. ¿A qué se refiere la Fiesta de los Panes sin Levadura?
2. ¿Cómo los israelitas supieron el camino hacia el mar Rojo?
3. Después de que los israelitas se fueran de la tierra de Egipto, ¿cómo respondió el faraón?
4. ¿Cómo cruzaron los israelitas el mar Rojo?
5. ¿Qué pasó cuando los egipcios siguieron a los israelitas a través del mar?

5. Preguntas de discusión para fomentar el pensamiento crítico:

Contrasta: ¿En qué se diferenciaba el estilo de liderazgo de Moisés del estilo del faraón?
Analiza: ¿Por qué crees que los israelitas querían irse de la tierra de Egipto?
Explica: Cuando los israelitas cruzaron el mar Rojo, ¿cómo sobrevivieron en el desierto?
Describe: ¿Qué es la Pascua y qué es la Fiesta de los Panes sin Levadura?

6. Actividades:

✱ Cuestionario de la Biblia: Cruce del mar Rojo
✱ Sopa de letras de la Biblia: Cruce del mar Rojo
✱ Página para colorear: Cruce del mar Rojo
✱ Hoja de trabajo: ¡Libera a Mi pueblo!
✱ Hoja de trabajo: Cruce del mar Rojo
✱ Hoja de trabajo: ¿Descubrimiento del mar Rojo?

Cruce del MAR ROJO

Lee Éxodo 14:1-31. Responde las siguientes preguntas.

① ¿Quién sacó a los israelitas de Egipto?

② ¿Qué posesiones se llevaron los israelitas con ellos?

③ ¿Quién guio a los israelitas por el desierto?

④ ¿Qué ejército persiguió a los israelitas?

⑤ Cuando los israelitas llegaron al mar, ¿dónde acamparon?

⑥ ¿Cómo ordenó Moisés que el mar se dividiera para que los israelitas pudieran cruzar al otro lado?

⑦ ¿Por qué mar cruzaron los israelitas para escapar de los egipcios?

⑧ ¿Cómo impidió Dios que los egipcios persiguieran a los israelitas a través del mar?

⑨ ¿Qué pasó con el ejército egipcio?

⑩ ¿Qué hicieron los israelitas cuando llegaron al otro lado del mar?

Cruce del MAR ROJO

Lee Éxodo 14.
Encuentra y encierra en un círculo las siguientes palabras.

I	S	R	A	E	L	I	T	A	S	L	R	T	F	S
M	H	U	Q	K	L	I	I	A	D	U	K	W	N	U
N	U	Q	F	D	V	N	U	V	I	W	C	E	U	E
I	A	N	I	M	A	L	E	S	N	F	D	J	B	L
L	P	M	T	U	W	K	H	W	D	A	V	É	E	O
Y	C	J	B	K	B	M	B	A	S	R	U	R	Y	S
B	P	T	H	M	I	T	O	T	X	A	X	C	W	E
T	A	X	H	H	A	O	P	I	G	Ó	V	I	J	C
B	D	F	E	D	G	V	C	S	S	N	G	T	P	O
V	Q	U	J	U	U	V	J	U	F	É	O	O	G	C
B	L	K	S	G	A	P	V	A	K	P	S	N	C	M
C	O	L	U	M	N	A	D	E	N	U	B	E	I	L
A	U	D	H	B	L	N	J	S	F	I	R	Q	M	U
C	O	L	U	M	N	A	D	E	F	U	E	G	O	Q
B	A	S	T	Ó	N	F	V	C	A	R	R	O	S	N

BASTÓN

NUBE

MOISÉS

AGUA

ANIMALES

SUELO SECO

EJÉRCITO

FARAÓN

CARROS

ISRAELITAS

COLUMNA DE NUBE

COLUMNA DE FUEGO

"Entonces los hijos de Israel entraron por en medio del mar, en seco..."

(Éxodo 14:22)

¡Libera a Mi pueblo!

¿Por qué los israelitas querían irse de Egipto?

....

....

Después de la plaga final, ¿por qué crees que el faraón aceptó dejar ir a los israelitas?

....

....

Lee Éxodo 12. ¿Qué se llevaron los israelitas con ellos?

....

....

Gosén

Guiza

Menfis

ALTO EGIPTO

Río Nilo

Tebas

N
O   E
S

Cruce del mar Rojo

Describe una vez en que Dios hizo algo bueno por ti.

....

....

....

....

....

....

....

....

Imagina que cruzaste el mar Rojo a través de sus aguas. ¿Cómo fue?

....

....

....

....

....

....

....

....

¿En qué parte de la Biblia puedo encontrar este milagro?

....

....

....

....

....

....

....

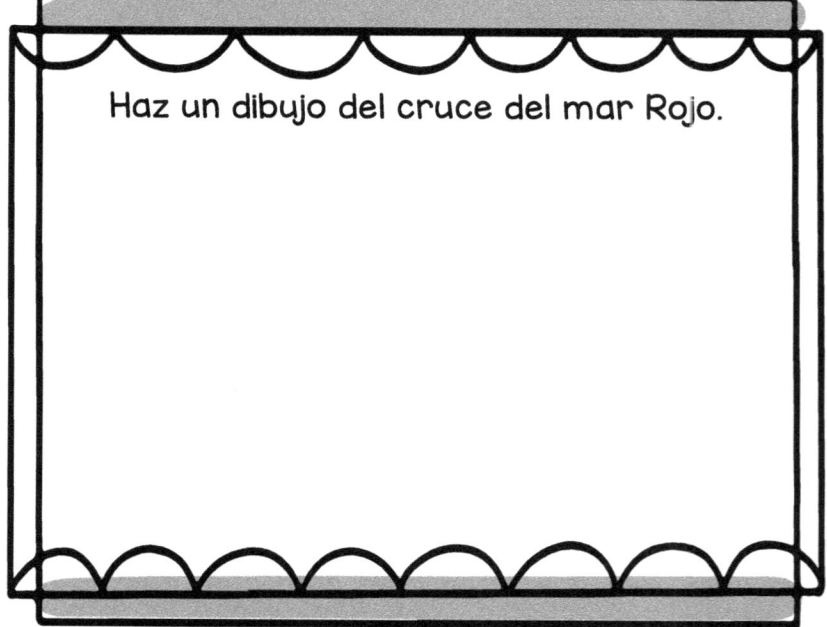

Haz un dibujo del cruce del mar Rojo.

¿Descubrimiento del mar Rojo?

En la playa de Nuweiba en Egipto, buzos y científicos han descubierto un puente terrestre submarino que se extiende desde Egipto hasta la costa de Arabia Saudita. A lo largo de este puente terrestre encontraron ruedas de carros cubiertas de coral y huesos de animales fosilizados en el fondo del mar. Algunas ruedas todavía estaban en sus ejes y otras estaban fuera. Incluso había cabinas de carros sin ruedas. "(Dios) trastornó el campamento de los egipcios, y quitó las ruedas de sus carros…" (Éxodo 14:24-25). Este descubrimiento proporciona una nueva perspectiva de una de las historias más famosas de la Biblia. Si bien su ubicación exacta ha sido objeto de especulaciones durante siglos, la evidencia arqueológica muestra que, de hecho, fue un evento muy real e histórico. Busca en la Biblia, en Internet o en tu biblioteca información sobre el cruce del mar Rojo y este descubrimiento moderno. Responde las siguientes preguntas.

¿Qué tipos de artefactos se encontraron a lo largo del puente terrestre?

....

....

¿Qué opinas? ¿Es esta la ubicación del cruce? Explica por qué sí / por qué no.

....

....

....

....

....

....

Dibuja una escena de Éxodo 14.

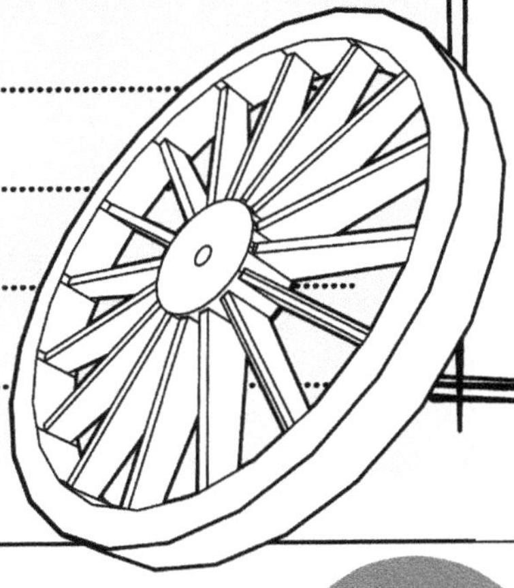

PLAN DE LA LECCIÓN

Agua de la roca: Éxodo 17:1-7

Objetivos de la lección:

Al final de esta lección, los niños podrán:
1. Entender por qué los israelitas pelearon con Moisés
2. Explicar cómo Dios proporcionó agua a los israelitas en el desierto

1. Considere las siguientes preguntas:

a. Muestre a los estudiantes imágenes de desiertos y lugares secos. Explique que estos lugares no tienen mucha agua. ¿Alguna vez han tenido mucha sed? ¿Cómo se sintió? ¿Cómo podrían encontrar agua en un desierto? ¿Saben cómo los israelitas encontraron agua en el desierto?
b. ¿Qué sabes sobre la historia del agua de la roca?

2. Repaso del vocabulario clave:

◉ CONGREGACIÓN DE ISRAEL:
miembros de las 12 tribus de Israel

◉ DESIERTO:
una gran área de tierra donde vive poca gente

◉ PELEA:
una discusión o desacuerdo entre dos o más personas

◉ REFIDIM:
un lugar visitado por los israelitas después de salir de Egipto

3. Lee Éxodo 17:1-7 en la Biblia o lee la siguiente historia:

Después de que la congregación de Israel cruzó el mar Rojo, Moisés los condujo a través del desierto a un lugar llamado Refidim. Allí instalaron campamento. El sol del desierto era intenso y los israelitas tenían sed. No les tomó mucho tiempo comenzar a quejarse. "Moisés, ¿nos sacaste de Egipto para matarnos de sed a nosotros, a nuestros hijos y a nuestros animales? No tenemos nada para beber". Moisés suspiró con frustración. "Dios, esta gente está lista para apedrearme. ¿Qué puedo hacer?". Pero Dios tenía todo resuelto. Él no iba a permitir que Moisés sufriera ningún daño. "Moisés, toma a los líderes de Israel, junto con la vara que usaste para golpear el Nilo, y ve a cierta roca en Horeb," dijo Él. "Estaré delante de ti y golpearás la roca. Saldrá agua para que todos beban". Moisés le creyó a Dios e hizo lo que Él dijo. Reunió a los líderes de Israel y se paró frente a la enorme roca en Horeb. Con la vara en la mano, Moisés golpeó la roca tan fuerte como pudo. Craaaaacccck. La enorme roca se abrió y el agua comenzó a brotar. Dios había hecho lo imposible: el agua de la roca bañada por el sol ahora se derramaba sobre el suelo del valle. ¡Los israelitas tenían agua para beber! Moisés nombró el lugar Masah y Meriba, porque el pueblo había probado a Dios diciendo: "¿Está Dios entre nosotros o no?". A veces, los grandes milagros también son lecciones valiosas.

Oración de cierre:

◉ Termine la lección con una oración.

4. Repaso de la historia de la Biblia:

1. ¿Quiénes eran la congregación de Israel?
2. ¿Por qué los israelitas pelearon con Moisés?
3. Describe el milagro en Refidim.
4. ¿Por qué Moisés llamó al lugar Masah y Meriba?
5. Piensa en la vida de Moisés hasta ahora. ¿Dónde desarrolló Moisés sus habilidades de liderazgo?

5. Preguntas de discusión para fomentar el pensamiento crítico:

Contrasta: ¿Cómo ese compara la vida en Egipto con la vida en el desierto?
Analiza: ¿Por qué los israelitas acamparon en Refidim?
Explica: ¿Qué simboliza la vara o bastón de Moisés?
Describe: ¿Cómo era la vida de Moisés en el desierto? ¿Le dio Dios un trabajo fácil?

6. Actividades:

✳ Cuestionario de la Biblia: Agua de la roca
✳ Sopa de letras de la Biblia: Agua de la roca
✳ Página para colorear: Agua de la roca
✳ Hoja de trabajo: ¿Quién fue Moisés?
✳ Hoja de trabajo: Agua de la roca
✳ Hoja de trabajo: Vida en el desierto

Agua del la ROCA

Lee Éxodo 17:1-7. Responde las siguientes preguntas

1. ¿Quién sacó a los israelitas de Egipto?

2. ¿Dónde acamparon los israelitas?

3. ¿Por qué los israelitas se quejaron con Moisés?

4. ¿Qué le dijo Moisés a Dios en Éxodo 17:4?

5. ¿Qué instrucciones le dio Dios a Moisés?

6. ¿Obedeció Moisés las instrucciones de Dios?

7. ¿Qué herramienta usó Moisés para golpear la roca?

8. ¿Qué dos nombres le dio Moisés al lugar donde ocurrió este milagro?

9. ¿Por qué Moisés le dio al lugar estos nombres?

10. ¿Dónde estaba la roca en Éxodo 17:6?

Agua del la ROCA

Lee Éxodo 17.
Encuentra y encierra en un círculo las siguientes palabras.

M	O	H	I	P	H	A	T	T	A	B	L	M	C	R
D	A	T	V	S	N	P	F	F	U	T	S	E	J	E
R	A	S	T	G	R	U	E	M	Q	N	S	R	B	F
Z	R	A	A	A	Q	A	G	P	O	J	W	I	P	I
I	D	U	V	H	P	U	E	U	D	I	Z	B	K	D
X	W	V	A	R	F	I	C	L	R	I	S	A	A	I
B	F	D	H	C	N	H	J	O	I	O	V	É	H	M
Q	B	U	Z	J	K	N	X	G	D	T	C	D	S	X
O	I	C	A	K	Q	X	H	O	L	L	A	A	P	O
M	B	W	D	G	T	C	H	O	R	E	B	S	K	L
T	B	A	P	Y	M	O	G	M	L	Q	N	Y	K	G
D	E	S	I	E	R	T	O	R	B	D	W	D	V	L
C	O	N	G	R	E	G	A	C	I	Ó	N	F	L	G
Y	A	A	G	U	A	X	I	Q	U	E	J	A	R	D
T	I	E	R	R	A	D	E	M	A	D	I	Á	N	U

AGUA

HOREB

MASAH

QUEJA

ROCA

CONGREGACIÓN

DESIERTO

REFIDIM

ISRAELITAS

TIERRA DE MADIÁN

MERIBA

MOISÉS

"...y golpearás la peña, y saldrán de ella aguas, y beberá el pueblo."

(Éxodo 17:6)

¿Quién fue Moisés?

Lee Éxodo 2:1-12:42 y Crónicas 23:15. Completa la siguiente hoja de trabajo.

¿Quién adoptó a Moisés?

....

Moisés huyó a la tierra de Madián porque:

....

Dios envió a Moisés de regreso a Egipto para:

....

Moisés tuvo dos hijos: .... y ....

Moisés es más famoso por:

....

....

Cinco palabras que describan a Moisés:

1. ....

2. ....

3. ....

4. ....

5. ....

Agua de la roca

Haz un dibujo para volver a contar el milagro del agua de la roca.

Imagina que eres un israelita. Escribe sobre el día que Yahweh te dio agua en el desierto.

....

....

....

....

....

....

....

¿Qué aprendiste sobre Moisés?

....

....

....

....

....

....

Diseña una portada de libro sobre este milagro.

Vida en el desierto

Los israelitas vivieron en el desierto durante cuarenta años (Josué 5:6). Gran parte de ese tiempo lo pasaron viviendo en ambientes desérticos, como Refidim. Un desierto es un lugar árido que recibe menos de 25 cm (9,8 pulgadas) de lluvia al año. Hoy, los desiertos cubren alrededor del 33% de la tierra en la Tierra. Esto incluye gran parte de la Antártida, donde grandes áreas no reciben nieve en absoluto. El desierto caliente más grande es el desierto del Sahara, en el norte de África, que cubre 9 millones de kilómetros cuadrados. Algunos desiertos contienen piedras, dunas de arena o nieve. Pero todos contienen una gran variedad de animales y plantas. Los desiertos se encuentran principalmente en la parte occidental de las Américas, Asia occidental, Australia Central y África del Norte y del Sur. Muchos desiertos son muy calurosos durante el día y tienen noches frías. Pero hay desiertos fríos, como el de Atacama en Sudamérica, que permanecen helados día y noche.

Imagina que eres un antiguo israelita acampando en Refidim. Describe un día en la vida de tu familia.

....

....

....

....

....

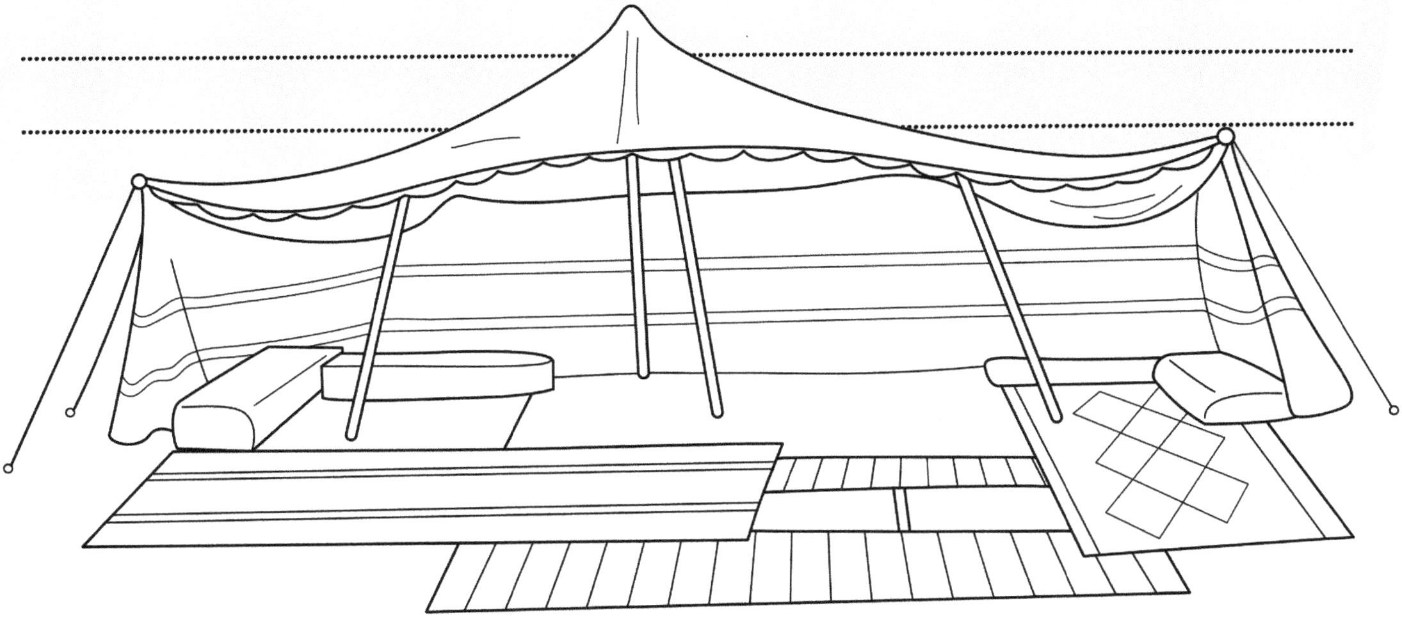

PLAN DE LA LECCIÓN

Cruce del Jordán: Josué 3:1-17

Objetivos de la lección:

Al final de esta lección, los niños podrán:
1. Entender cómo Dios ayudó a los israelitas a cruzar el río Jordán
2. Volver a contar la historia del cruce del Jordán con sus propias palabras

1. Considere las siguientes preguntas:

a. Muestre a los estudiantes imágenes de ríos largos y anchos (ej., Mississippi, Amazonas). Si tuvieras que cruzar estos ríos, ¿cómo lo harías? ¿Estaban disponibles estas soluciones para los israelitas en tiempos bíblicos? ¿Cómo reaccionaron cuando las situaciones parecían imposibles?
b. ¿Qué sabes sobre la historia del cruce del Jordán?

2. Repaso del vocabulario clave:

◎ ISRAELITAS:
miembros de las 12 tribus de Israel

◎ NACIÓN:
un gran número de personas unidas por un linaje, una historia, una cultura o un idioma comunes

◎ JORDÁN:
un río en el Medio Oriente

◎ ARCA DE LA ALIANZA:
un cofre enchapado en oro que contiene dos tablas de piedra, una vasija de maná y el bastón de Aarón

◎ ORDENAR:
dar una orden

3. Lee Josué 3:1-17 en la Biblia o lee la siguiente historia:

Era hora de que los israelitas entraran en la Tierra Prometida. Pero el río Jordán estaba inundado. Dios le dijo a Josué: "Tú serás exaltado a la vista de todo Israel. Di a los sacerdotes levitas que llevan el arca de la alianza: 'Cuando lleguéis a las aguas del Jordán, deteneos en el Jordán'". Josué confió en Dios. Habló a los israelitas, diciendo: "Dios echará de delante de nosotros a nuestros enemigos. Sigan a los sacerdotes que llevan el arca de la alianza. Cuando pongan los pies en el agua, el río dejará de fluir. Aparecerá un camino seco y podréis cruzar con seguridad". Tan pronto como los sacerdotes entraron al agua, sucedió un milagro. El agua dejó de fluir y se elevó en un montón lejos de Adam. Los sacerdotes se mantuvieron firmes en tierra seca en medio del Jordán mientras las doce tribus de Israel pasaban al otro lado frente a Jericó. Dios quería que la gente recordara siempre cómo detuvo el agua. Le dijo a Josué que eligiera doce hombres para que cada uno recogiera una piedra del río. Los hombres llevaron doce piedras a su campamento y las pusieron en una gran pila. Cuando todos terminaron de cruzar el río, el agua volvió rápidamente. Y a partir de ese día, cuando alguien viera el montón de doce piedras, recordaría el día especial en que Dios los ayudó a cruzar el río hacia la Tierra Prometida.

Oración de cierre:

◎ Termine la lección con una oración.

4. Repaso de la historia de la Biblia:

1. ¿Quiénes eran los israelitas?
2. ¿Qué le dijo Dios a Josué?
3. ¿Por qué los israelitas no podían cruzar fácilmente el río?
4. ¿Qué pasó cuando los sacerdotes entraron al río?
5. ¿Qué sucedió cuando los israelitas llegaron al otro lado del río?

5. Preguntas de discusión para fomentar el pensamiento crítico:

Contrasta: ¿Cómo se compararon las acciones de Josué y los israelitas al cruzar el Jordán con las de Moisés y los israelitas cuando cruzaron el mar Rojo?

Analiza: ¿Por qué los sacerdotes fueron antes que los israelitas?

Explica: ¿Por qué Josué les dijo a los israelitas: "Conságrense, porque mañana Dios hará maravillas entre ustedes?"

Describe: ¿Cómo se sintieron los israelitas al cruzar el río en tierra seca?

6. Actividades:

✳ Cuestionario de la Biblia: Cruce del Jordán
✳ Sopa de letras de la Biblia: Cruce del Jordán
✳ Página para colorear: Cruce del Jordán
✳ Hoja de trabajo: Cruce del río Jordán
✳ Hoja de trabajo: Cruce del Jordán
✳ Hoja de trabajo: El río Jordán

Cruce del JORDÁN

Lee Josué 3:1-5:1. Responde las siguientes preguntas.

1. ¿Qué ordenaron los líderes a los israelitas en Josué 3:2?

2. ¿A qué pueblo prometió Dios expulsar de la tierra?

3. ¿Quiénes llevaron el arca de la alianza al otro lado del Jordán?

4. ¿A qué distancia del arca debía permanecer la gente?

5. ¿Cuándo dejó de fluir el Jordán?

6. ¿Quién cruzó el Jordán en seco?

7. ¿Quiénes cruzaron el Jordán armados ante el pueblo de Israel?

8. Después de que los israelitas cruzaron el Jordán, ¿qué le dijo Dios a Josué que hiciera?

9. ¿Qué pasó con el río después de que los israelitas cruzaron?

10. ¿Quiénes se asustaron cuando escucharon que Israel cruzó el Jordán?

Cruce del JORDÁN

Lee Josué 3:1-5:1.
Encuentra y encierra en un círculo las siguientes palabras.

```
S  M  R  Í  O  J  O  R  D  Á  N  A  F  R  D
G  Q  B  O  W  U  P  N  R  H  J  H  A  C  E
Z  U  G  O  K  O  B  Y  X  T  F  Y  M  A  N
D  Q  E  I  H  A  D  P  R  T  V  Y  O  N  N
J  G  Q  R  L  I  P  I  S  T  L  X  R  A  E
D  W  C  C  R  G  J  E  J  B  J  H  R  N  S
T  X  Z  E  K  E  A  S  X  U  F  S  E  E  U
K  B  K  R  J  R  R  L  R  P  U  L  O  O  B
W  P  Q  E  I  J  N  O  U  F  G  Y  S  S  T
A  K  O  U  D  F  U  J  S  I  Y  H  Z  V  J
T  T  M  O  N  U  M  E  N  T  O  V  Y  P  O
V  C  R  G  S  A  C  E  R  D  O  T  E  S  S
Y  M  K  P  I  E  D  R  A  S  Z  N  C  Q  U
P  D  O  C  E  T  R  I  B  U  S  A  F  H  É
H  I  S  R  A  E  L  I  T  A  S  G  Z  W  Y
```

JOSUÉ

GILGAL

CANANEOS

PIEDRAS

AMORREOS

GUERREROS

MONUMENTO

ISRAELITAS

SACERDOTES

PIES

RÍO JORDÁN

DOCE TRIBUS

"...los sacerdotes que llevaban el arca del pacto de Jehová, estuvieron en seco, firmes en medio del Jordán..."

(Josué 3:17)

Cruce del río Jordán

Dios les dijo a los israelitas que cruzaran el río Jordán en primavera, cuando el lino y la cebada estaban listos para la cosecha. Este fue un momento difícil y peligroso para cruzar; la nieve del monte Hermón se había derretido y el río a menudo se desbordaba. El agua tenía entre 12 y 15 pies de profundidad y se movía rápidamente. En la época de la conquista israelita, el caudal del río era mayor que ahora. En la actualidad, se desvían grandes cantidades de agua del río Jordán para riego, turismo y uso en asentamientos.

Sabemos que los israelitas cruzaron el río en primavera. Josué 3:15 menciona la temporada de cosecha y Josué 4:19 explica que los israelitas cruzaron el río el día 10 del primer mes. En el calendario hebreo, el primer mes del año ocurre a fines de marzo o principios de abril (en el calendario gregoriano). Varias millas río arriba, en Adam (una ciudad cerca de Zaretán), Dios bloqueó el flujo del sur del río Jordán, lo que resultó en muchas millas de lecho seco. Esto permitió a los israelitas caminar por tierra seca mientras observaban el arca de la alianza desde una distancia de unos 1.000 metros. Cruzar el lecho seco del río habría sido rápido y fácil; era de 50 a 75 yardas de un lado del río al otro y la tierra era relativamente plana (quizás una caída gradual de 20 pies desde la orilla del río hasta el centro del lecho del río).

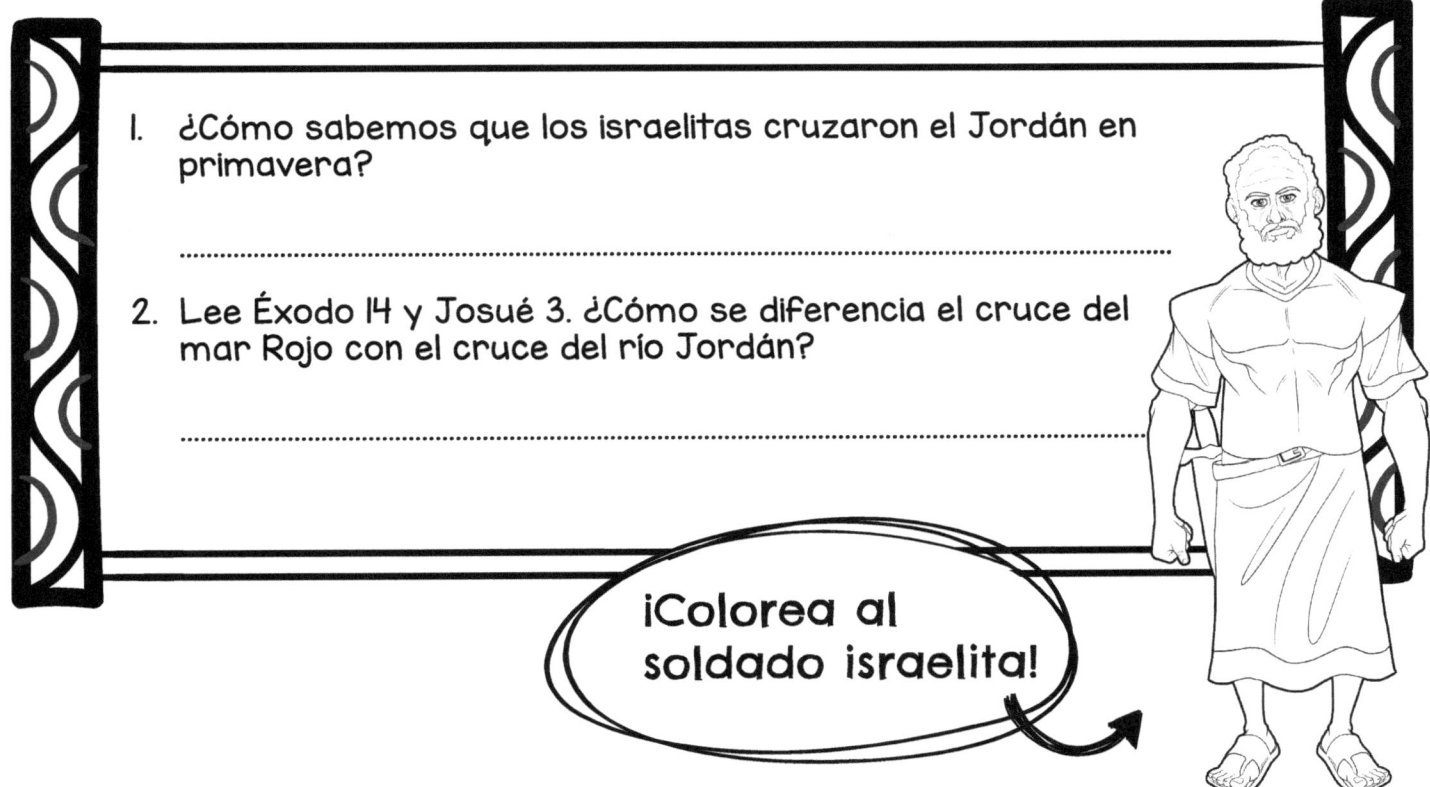

1. ¿Cómo sabemos que los israelitas cruzaron el Jordán en primavera?

   ....

2. Lee Éxodo 14 y Josué 3. ¿Cómo se diferencia el cruce del mar Rojo con el cruce del río Jordán?

   ....

¡Colorea al soldado israelita!

Cruce del Jordán

Si este milagro apareciera en el periódico, el titular diría...

Imagina que te paras junto al Jordán. ¿Qué le dirías a Josué?

....

....

....

....

....

....

....

....

¿Cuáles son los nombres de las tribus de Israel?

....

....

....

....

....

....

Dibuja a los sacerdotes que llevan el arca de la alianza al otro lado del Jordán.

El río Jordán

Los israelitas cruzaron el río Jordán hacia la tierra de Canaán para poder conquistar la Tierra Prometida. Lee sobre el cruce del río Jordán en Internet o en tu biblioteca. Completa la siguiente hoja de trabajo.

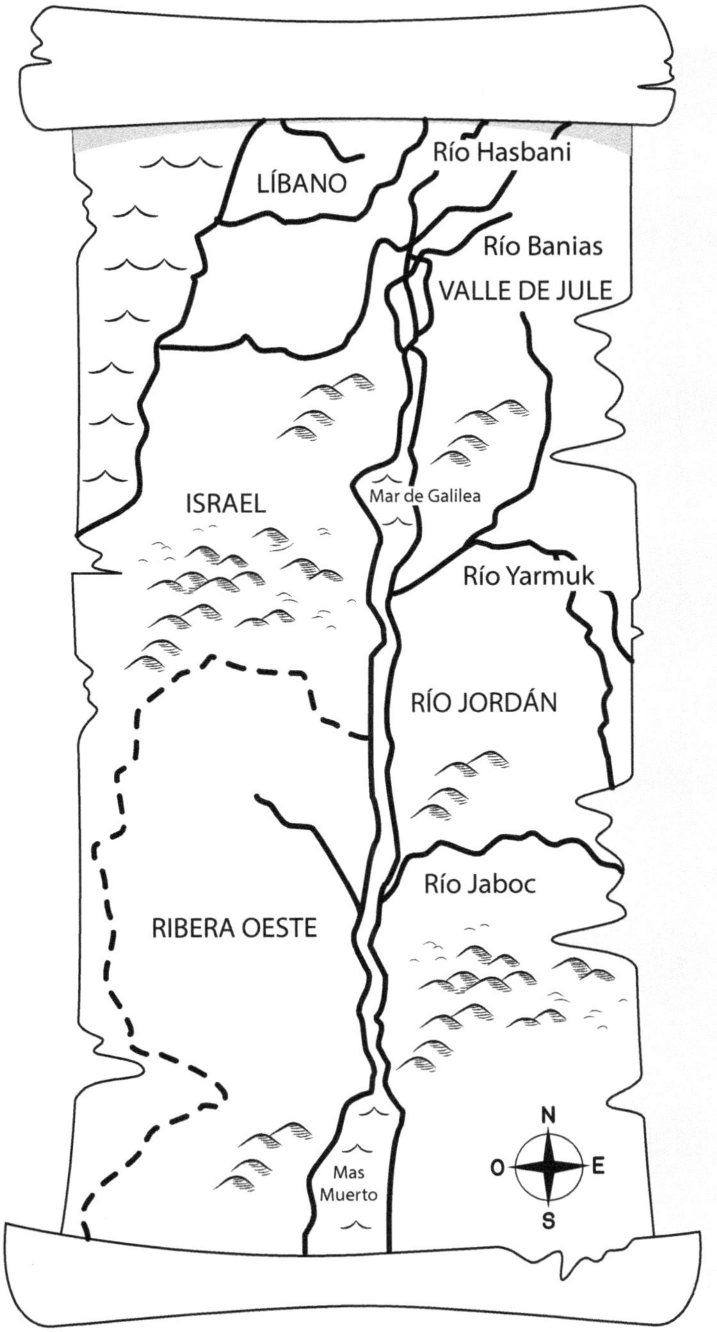

LÍBANO

Río Hasbani

Río Banias

VALLE DE JULE

ISRAEL

Mar de Galilea

Río Yarmuk

RÍO JORDÁN

Río Jaboc

RIBERA OESTE

Mas Muerto

N O E S

Longitud:

....

Comienza en:

....

Ubicación:

....

Dirección en la que fluye:

....

Desemboca en:

....

Importancia del valle de Jordán para el antiguo Israel:

....

Dos historias famosas de la Biblia que mencionan este río:

....

....

PLAN DE LA LECCIÓN

Elías y los profetas de Baal: 1 Reyes 18:30-39

Objetivos de la lección:

Al final de esta lección, los niños podrán:
1. Entender cómo se demostró que la fe de Elías en Dios era correcta
2. Volver a contar la historia de Elías y los falsos profetas de Baal en sus propias palabras

1. Considere las siguientes preguntas:

a. Párate e imagínate caminando en dos direcciones simultáneamente. Gira tu cuerpo en el sentido de las agujas del reloj, mientras mueves las piernas en el sentido contrario a las agujas del reloj. Da un paso adelante con el pie derecho y el pie izquierdo al mismo tiempo. A medida que continúas rotando tu cuerpo, continúa moviendo tus piernas en direcciones opuestas. ¿Qué tan fácil es caminar en dos direcciones al mismo tiempo? ¿Crees que es posible adorar a Dios y a los ídolos al mismo tiempo?

b. ¿Qué sabes sobre la historia de Elías y los profetas de Baal?

2. Repaso del vocabulario clave:

◎ ELÍAS:
un verdadero profeta de Dios

◎ FALSO PROFETA:
una persona que afirma falsamente hablar por Dios

◎ BAAL Y ASERA:
falsos dioses adorados por los cananeos y fenicios

◎ ALTAR:
lugar elevado donde se ofrecían sacrificios

◎ ISRAEL:
descendientes del patriarca hebreo Jacob (Israel)

◎ ADULTERIO ESPIRITUAL:
infidelidad a Dios, adoración de dioses falsos

3. Lee 1 Reyes 18:30-39 en la Biblia o lee la siguiente historia:

Un día, Dios le dijo al profeta Elías: "Ve, muéstrate a Acab, y yo haré llover sobre la tierra". Debido a que los israelitas estaban adorando a dioses falsos en lugar de al Dios de Abraham, Isaac y Jacob (adulterio espiritual), no había llovido durante tres años. Cuando Elías vio a Acab, le dijo: "Reúne a todo Israel delante de mí en el monte Carmelo, junto con 450 falsos profetas de Baal y 400 falsos profetas de Asera que comen en la mesa de Jezabel". Entonces, Acab envió al pueblo al monte Carmelo. Elías se acercó a ellos y les dijo: "¿Hasta cuándo vacilaréis entre los dos lados? Si Yahweh es Dios, seguidle; pero si es Baal, entonces seguidle". Mandó a los falsos profetas a que hicieran un altar y prepararan un buey como ofrenda, y él haría lo mismo. Pero había una trampa: no podían encender fuego en su altar. El Dios que respondiera con fuego del cielo era el Dios verdadero. Desde la mañana hasta la tarde, los profetas gritaron y gritaron y rezaron a Baal, pero no salió fuego del cielo. Entonces Elías llamó a la gente a él. Edificó un altar con 12 piedras, puso madera sobre el altar y puso pedazos del buey sobre él. El pueblo echó agua sobre el altar hasta que se llenó la zanja alrededor del altar. Elías levantó sus manos al cielo y oró. Instantáneamente, el fuego descendió del cielo, consumiendo la ofrenda por completo. Todo el pueblo cayó de rodillas, clamando: "ADONAI es Dios". Y Dios mandó lluvia.

Oración de cierre:

⦿ Termine la lección con una oración.

4. Repaso de la historia de la Biblia:

1. ¿Quién fue Elías?
2. ¿Por qué no había llovido durante tres años?
3. ¿Quiénes son el pueblo de Israel?
4. ¿Qué hicieron los profetas para llamar la atención de su dios falso?
5. ¿Cómo convenció Elías a la gente de que Dios quemó su ofrenda?

5. Preguntas de discusión para fomentar el pensamiento crítico:

Contrasta: ¿Cómo se compara el comportamiento de Elías con el de los profetas de Baal?
Analiza: ¿Es posible servir a dos amos? ¿Por qué sí / por qué no?
Explica: ¿Cómo mostró Dios que era todopoderoso en esta situación?
Describe: ¿Qué es el adulterio espiritual?

6. Actividades:

✱ Cuestionario de la Biblia: Fuego del cielo
✱ Sopa de letras de la Biblia: Fuego del cielo
✱ Página para colorear: Elías y los profetas de Baal
✱ Hoja de trabajo: ¿Dónde está el monte Carmelo?
✱ Hoja de trabajo: Fuego del cielo
✱ ¿Cuál es la palabra? Fuego del cielo

Fuego del CIELO

Lee 1 Reyes 18. Responde las siguientes preguntas.

1) ¿Hacía cuántos años que no llovía?

2) ¿Cuántos falsos profetas convocó Elías?

3) ¿En qué monte se encontró Elías con los falsos profetas?

4) ¿Qué hicieron los falsos profetas para llamar la atención de Baal?

5) ¿Qué animal sacrificó Elías en el altar?

6) ¿Qué quemó el fuego del cielo?

7) ¿Por qué Elías eligió 12 piedras para construir un altar?

8) ¿Cuántas tinajas se usaron para verter agua sobre el sacrificio y la leña?

9) ¿Qué hizo la gente cuando vio fuego del cielo?

10) ¿Quién es el Dios verdadero?

Fuego del CIELO

Lee 1 Reyes 18.
Encuentra y encierra en un círculo las siguientes palabras.

```
H C O O Z B O E D Y O I Z N U
A L T A R V T Z X E F H A P A
D U N P E M V L V F Z Y P H G
M O N T E C A R M E L O W I U
T L C B A F N J B W P O J S A
M N J E O S Q F A A Q H C R P
I X L D P Y E Y V G A E S A R
M D W L U I O R A U D L K E O
C T N A N C E U A C V S X L F
Y V H F M X W D D B T K Z I E
N G B U O I N G R K A J F T T
O F R E N D A D D A H L J A A
U I W G B B B Q X N S C Z S S
I I W O U J U E L Í A S V S X
L L U V I A T N I D I E C B F
```

ASERA

ALTAR

PROFETAS

ELÍAS

FUEGO

LLUVIA

MONTE CARMELO

DOCE PIEDRAS

ISRAELITAS

BAAL

OFRENDA

AGUA

"Entonces cayó fuego de Dios, y consumió el holocausto, la leña, las piedras y el polvo..."

(1 Reyes 18:38)

¿Dónde está el monte Carmelo?

El monte Carmelo es parte de la cordillera Carmelita, una cadena de montañas que van desde el mar Mediterráneo hasta el mar de Galilea. El pico más alto es el monte Merón, a una altura de más de 3.000 pies. La zona es conocida por su exuberante vegetación y está cubierta de robles, pinos, laureles y olivos. También es el hogar de una variedad de vida silvestre, incluidos jabalíes, ciervos y zorros. Las excavaciones arqueológicas recientes descubrieron una gran cantidad de información sobre las personas que habitaban la zona. En el siglo XIX, los arqueólogos descubrieron los restos de una ciudad de la Edad del Bronce en Tel Megiddo. Las excavaciones revelaron estructuras construidas por los cananeos, incluidas murallas, palacios y un templo. Después, en el siglo XX, los arqueólogos descubrieron un gran asentamiento de la Edad del Hierro en Tel Qiryat Shemona. Este sitio fue el hogar de los israelitas durante su asentamiento en la zona. Otros descubrimientos incluyen antiguas prensas de vino y aceite, un gran monasterio de la era bizantina, un castillo cruzado y un fuerte otomano. El monte Carmelo ha sido una importante fuente de conocimiento histórico y continúa siendo un importante sitio arqueológico. Encierra en un círculo el monte Carmelo en el mapa. Responde la pregunta.

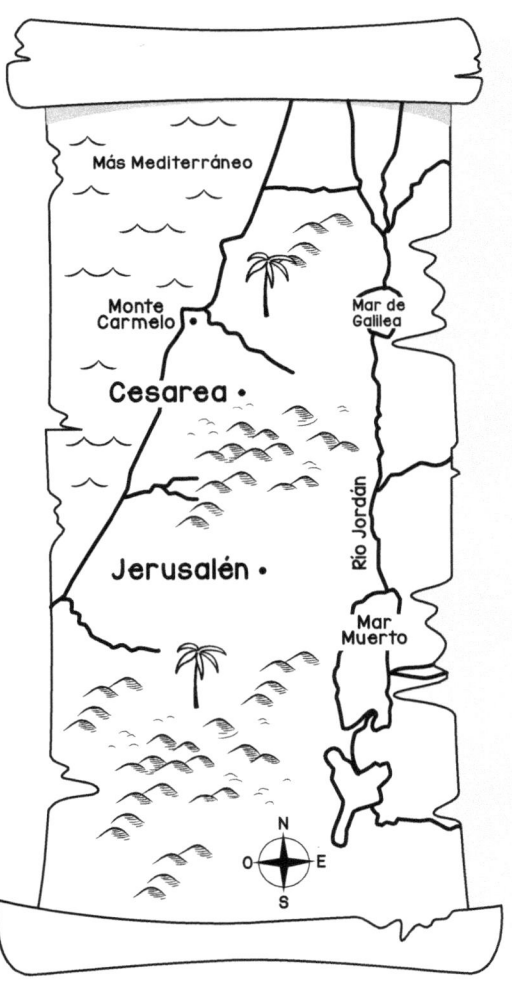

¿Qué evidencia han encontrado los arqueólogos en el monte Carmelo que sugiera que fue un sitio importante a lo largo de la historia?

....

....

....

....

....

....

....

Fuego del cielo

Vives en el antiguo Israel.
Dibuja la ropa que usas
cada día.

Imagina que eres un falso profeta.
¿Qué pensarías cuando vieras
este milagro?

....

....

....

....

....

....

....

¿Cómo describirías a Elías?

....

....

....

....

....

....

Haz un dibujo para volver a contar
este milagro.

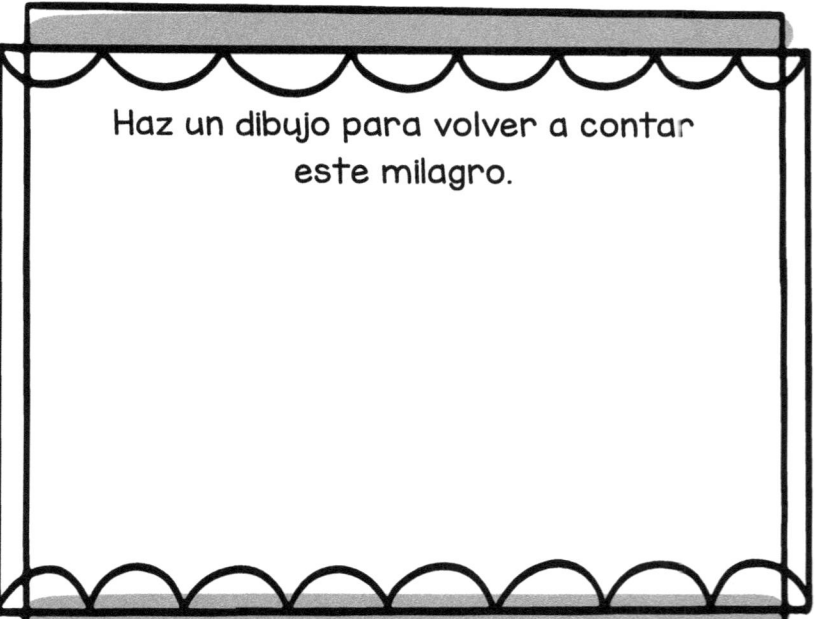

¿Cuál es la palabra?

Lee 1 Reyes 18:30-39. Usando las palabras a continuación,
llena los espacios en blanco para completar el pasaje de la Biblia.

ELÍAS	CONSUMIÓ	JACOB	ALTAR
BUEY	HOLOCAUSTO	ABRAHAM	SIERVO

" Entonces dijo Elías a todo el pueblo: "Acercaos a mí". Y todo el pueblo se le acercó; y él arregló el altar de Dios que estaba arruinado. Y tomando Elías doce piedras, conforme al número de las tribus de los hijos de ...., al cual había sido dada palabra de Dios diciendo, "Israel será tu nombre", edificó con las piedras un altar en el nombre de Dios; después hizo una zanja alrededor del ...., en que cupieran dos medidas de grano. Preparó luego la leña, y cortó el .... en pedazos, y lo puso sobre la leña. 34 Y dijo: Llenad cuatro cántaros de agua, y derramadla sobre el holocausto y sobre la leña. Y dijo: "Hacedlo otra vez"; y otra vez lo hicieron. Dijo aún: "Hacedlo la tercera vez"; y lo hicieron la tercera vez, de manera que el agua corría alrededor del altar, y también se había llenado de agua la zanja. Cuando llegó la hora de ofrecerse el ...., se acercó el profeta .... y dijo: "Dios de ...., de Isaac y de Israel, sea hoy manifiesto que tú eres Dios en Israel, y que yo soy tu ...., y que por mandato tuyo he hecho todas estas cosas. Respóndeme, Dios, respóndeme, para que conozca este pueblo que tú eres el Dios, y que tú vuelves a ti el corazón de ellos". Entonces cayó fuego de Dios, y .... el holocausto, la leña, las piedras y el polvo, y aun lamió el agua que estaba en la zanja. Viéndolo todo el pueblo, se postraron y dijeron: "¡Elohim es el Dios, Elohim es el Dios!". "

PLAN DE LA LECCIÓN

Jonás y el gran pez: Jonás 1:7–2:10

Objetivos de la lección:

Al final de esta lección, los niños podrán:
1. Entender por qué Jonás fue tragado por un gran pez
2. Volver a contar la historia de Jonás y el gran pez con sus propias palabras

1. Considere las siguientes preguntas:

a. Pida a los alumnos que le digan algo en sus vidas que sea fácil de hacer (ej., comer una galleta) y algo que sea difícil (ej., hablar un idioma extranjero). ¿Es fácil o difícil obedecer a Dios?

b. ¿Qué sabes sobre la historia de Jonás? ¿Crees que el trabajo que Dios le dio a Jonás fue fácil o difícil?

2. Repaso del vocabulario clave:

◎ ARREPENTIRSE:
volverse a Dios y seguir Sus Caminos (Hechos 26:20)

◎ TEMPESTUOSO:
muy tormentoso

◎ JONÁS:
un profeta hebreo

◎ NÍNIVE:
una ciudad en la antigua Asiria

◎ DESIGNAR:
asignar un trabajo o rol

◎ PROFETA:
una persona llamada por Dios para hablar por Él

3. Lee Jonás 1:7-2:10 en la Biblia o lee la siguiente historia:

¿Alguna vez te has preguntado cómo sería ser un profeta? ¿Cómo sería hablar por Dios? Ese era el trabajo de Jonás cuando Dios le pidió que fuera a Nínive y le dijera a la gente que se arrepintiera (volviera a Él). Peor aún, ¡esas personas eran sus enemigos! No es de extrañar que no quisiera hacer el trabajo que Dios le dio. Huyó a Jope y encontró un barco para Tarsis. Pero cuando el barco se deslizó por el mar, Dios envió una tormenta violenta. "El barco se romperá en pedazos y nos ahogaremos", gritaron los marineros. Jonás se volvió hacia ellos. "Esta tormenta es mi culpa", dijo. "Si hubiera escuchado a Dios, no estaríamos en este lío. Tiradme por la borda y la tormenta se detendrá". Los hombres hicieron lo que Jonás les pidió y la tormenta cesó. Pero Dios no estaba listo para dejar morir a Jonás. Designó un gran pez para que se tragara a Jonás. Durante tres días y tres noches, Jonás vivió dentro del vientre del pez. Allí se volvió a Dios. Una vez que Jonás se hubo arrepentido, Dios hizo que el gran pez escupiera a Jonás de su boca a tierra firme. ¿Jonás trató de huir de nuevo? ¡No esta vez! Esta vez, Jonás hizo lo que Dios le ordenó. Se apresuró a la ciudad de Nínive y predicó el arrepentimiento a la gente. Jonás aprendió por las malas que no se puede huir de Dios.

Oración de cierre:

◉ Termine la lección con una oración.

4. Repaso de la historia de la Biblia:

1. ¿Cuál es el papel de un profeta?
2. ¿Qué trabajo le dio Dios a Jonás?
3. ¿Cómo sufrieron los marineros a causa de la desobediencia de Jonás?
4. ¿Qué le pasó a Jonás dentro del gran pez?
5. ¿Qué pasó con Jonás después de que el gran pez lo escupió?

5. Preguntas de discusión para fomentar el pensamiento crítico:

Contrasta: ¿Cómo cambió el comportamiento de Jonás antes y después de que un gran pez se lo tragara?
Analiza: ¿Por qué crees que Jonás inicialmente eligió desobedecer a Dios?
Explica: ¿Por qué Jonás no quería ir a Nínive? ¿Quiénes fueron los asirios?
Describe: ¿Cómo era la vida para Jonás dentro del vientre del gran pez?

6. Actividades:

✱ Cuestionario de la Biblia: Tragado por un pez
✱ Sopa de letras de la Biblia: Tragado por un pez
✱ Página para colorear: Tragado por un pez
✱ Hoja de trabajo: ¿Quién fue Jonás?
✱ Hoja de trabajo: Tragado por un pez
✱ Hoja de trabajo: Ciudad de Nínive

Tragado por UN PEZ

Lee Jonás 1:1-4:11. Responde las siguientes preguntas.

1. ¿A qué ciudad le pidió Dios a Jonás que llevara un mensaje de arrepentimiento?

2. ¿Hacia dónde trató de huir Jonás en lugar de ir a Nínive?

3. ¿En qué ciudad abordó Jonás un barco?

4. ¿Qué sucedió después de que el barco zarpó hacia Tarsis?

5. ¿Quién arrojó a Jonás por la borda?

6. ¿Qué sucedió después de que arrojaron a Jonás por la borda?

7. ¿Cuánto tiempo estuvo Jonás dentro del gran pez?

8. ¿Qué hizo Jonás dentro del gran pez?

9. ¿Cómo salió Jonás del gran pez?

10. ¿Qué le dijo Jonás a la gente cuando llegó a Nínive?

Tragado por UN PEZ

Lee Jonás 1:1-4:11.
Encuentra y encierra en un círculo las siguientes palabras.

```
X  B  O  R  D  A  O  K  N  P  B  A  O  V  A
M  Z  H  Y  W  O  Q  R  L  R  B  E  E  X  R
T  U  H  Z  G  L  S  T  Z  O  M  J  D  K  R
J  M  N  T  L  J  W  N  H  F  D  O  I  E  E
N  J  A  J  M  E  K  V  J  E  G  N  S  F  P
I  Í  T  R  I  O  U  I  Z  T  Z  Á  Z  P  E
P  S  N  A  I  H  J  G  H  A  P  S  C  K  N
G  E  R  I  N  N  Y  U  O  X  S  E  O  L  T
X  R  O  A  V  Y  E  B  D  N  O  O  A  H  I
N  D  A  T  E  E  M  R  G  F  D  G  S  S  M
B  I  E  N  R  L  D  Q  O  I  E  Y  L  E  I
I  S  Z  L  P  C  I  O  V  S  Z  K  H  S  E
B  B  X  B  J  E  A  T  N  B  A  R  C  O  N
S  R  W  X  C  U  Z  H  A  T  B  Y  I  P  T
T  J  O  P  E  R  A  N  G  U  S  T  I  A  O
```

BORDA

BARCO

MARINEROS

ANGUSTIA

PROFETA

JOPE

JONÁS

ISRAELITA

ARREPENTIMIENTO

GRAN PEZ

NÍNIVE

SEOL

"Pero Dios tenía preparado un gran pez que tragase a Jonás..."

(Jonás 1:17)

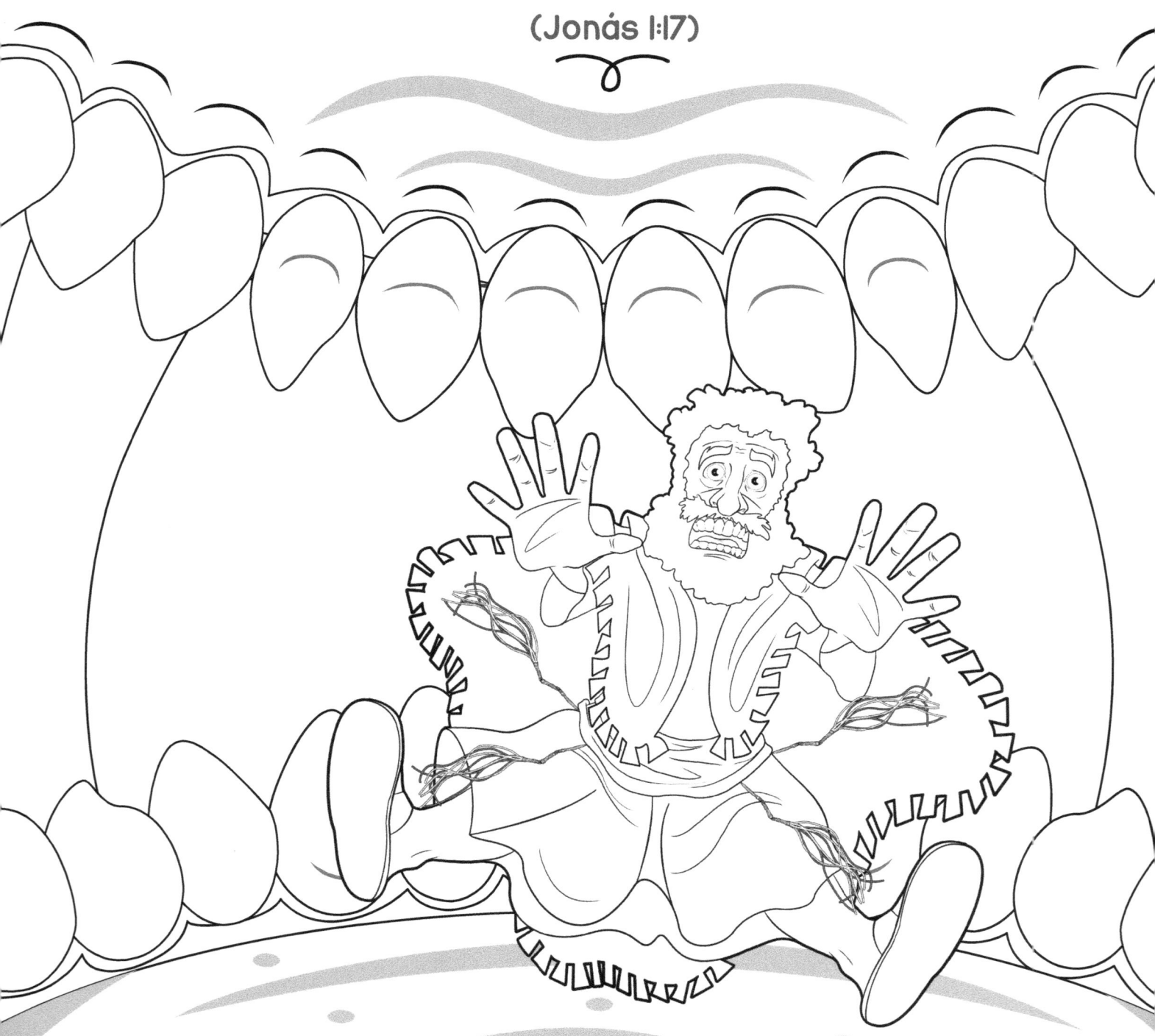

¿Quién fue Jonás?

Lee 2 Reyes 14 y Jonás 1:1-4:11. Completa la siguiente hoja de trabajo.

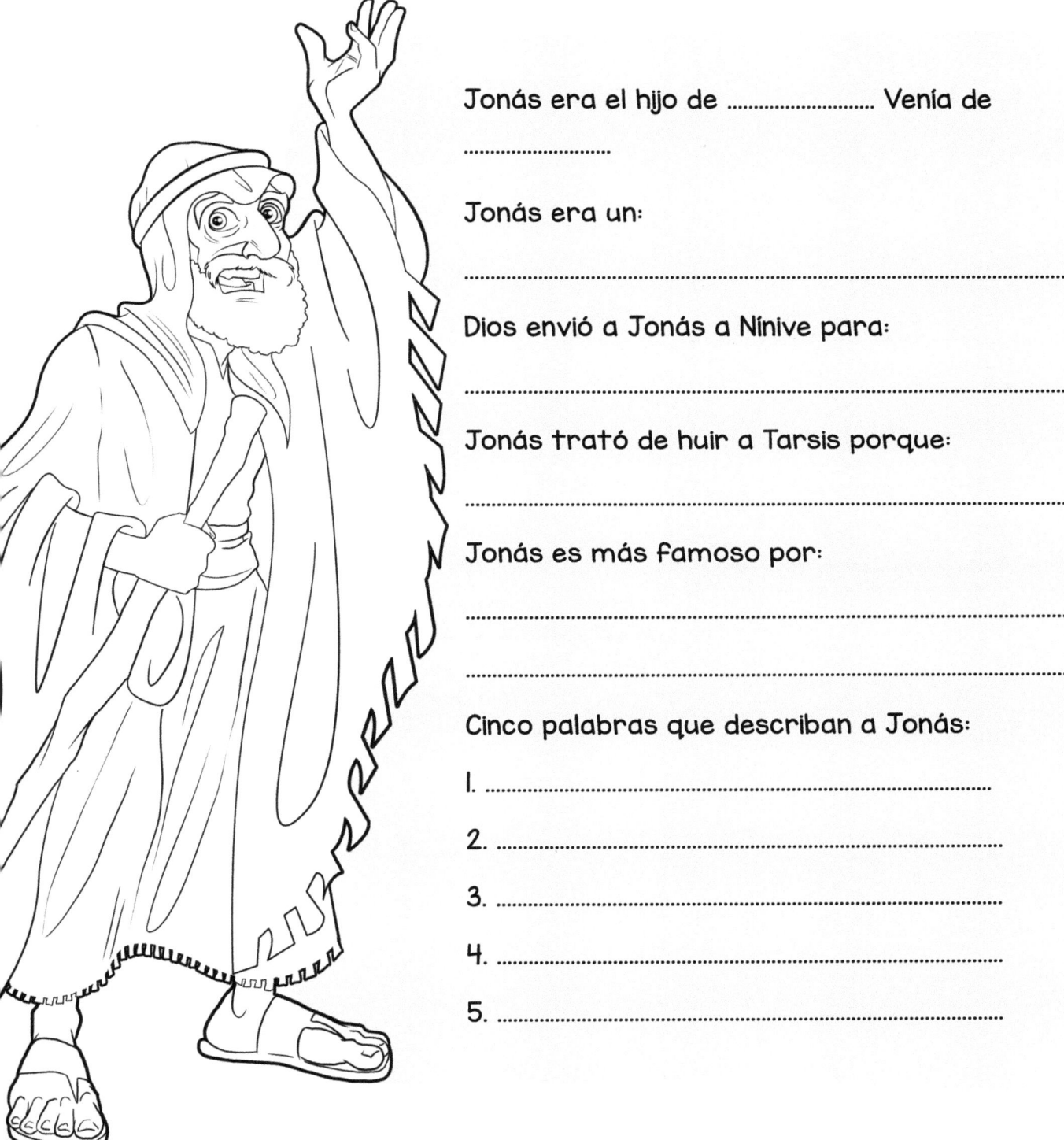

Jonás era el hijo de .... Venía de
....

Jonás era un:

....

Dios envió a Jonás a Nínive para:

....

Jonás trató de huir a Tarsis porque:

....

Jonás es más famoso por:

....

....

Cinco palabras que describan a Jonás:

1. ....

2. ....

3. ....

4. ....

5. ....

Tragado por un pez

¿Qué comió Jonás mientras estaba dentro del pez? ¡Usa tu imaginación!

....
....
....
....
....
....
....
....

Imagina que estuvieras dentro de un pez durante tres días y tres noches. ¿Qué le dirías a Dios?

....
....
....
....
....
....

Este milagro me enseña…

....
....
....
....
....
....

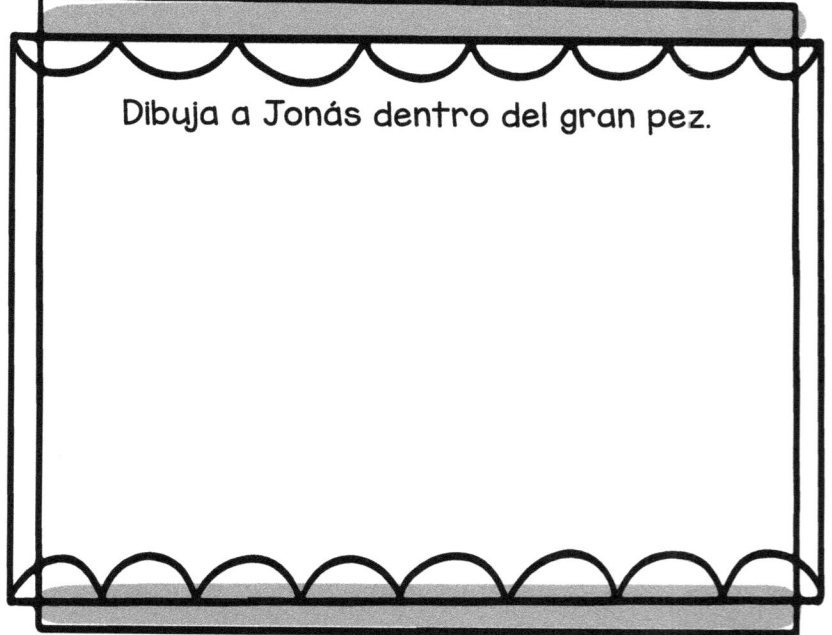

Dibuja a Jonás dentro del gran pez.

Ciudad de Nínive

Antes de que Nínive fuera destruida en el 612 a.C., era la capital del Imperio asirio y la ciudad más grande del mundo. Su ubicación en la carretera principal entre el mar Mediterráneo y el océano Índico conectaba Asia con Oriente Medio. Esta ubicación central convirtió a Nínive en un importante centro de negocios y, como resultado, Nínive se convirtió en una ciudad muy rica. Nínive era famosa por sus magníficos edificios. Fue allí donde el rey Senaquerib (705–681 a.C.) planeó calles y plazas, construyó zoológicos y templos y diseñó el famoso "palacio sin rival". Según los planos de construcción descubiertos en las ruinas de Nínive, este palacio tenía más de 80 habitaciones.

A mediados del siglo XIX, los arqueólogos encontraron las ruinas de Nínive en el actual Irak. Las murallas y las puertas todavía se pueden ver cerca de las orillas del río Tigris, justo enfrente de la moderna ciudad de Mosul. En una de las bibliotecas reales, los arqueólogos descubrieron 30.000 textos cuneiformes de todo el Imperio asirio. Estos documentos en tabletas de arcilla, incluida la famosa "Epopeya de Gilgamesh", proporcionaron información valiosa sobre la antigua Nínive y su forma de vida.

Piensa sobre la vida en la antigua Nínive. Responde las siguientes preguntas.

1. ¿Cómo crees que la ubicación central de Nínive contribuyó a su desarrollo como un importante centro de negocios?

2. ¿Cómo crees que contribuye el descubrimiento de los 30.000 textos cuneiformes en las ruinas de Nínive a nuestra comprensión de la antigua cultura asiria?

PLAN DE LA LECCIÓN

El horno de fuego: Daniel 3:1-30

Objetivos de la lección:

Al final de esta lección, los niños podrán:
1. Entender por qué Sadrac, Mesac y Abed-nego se negaron a inclinarse ante la imagen de oro
2. Explicar cómo Dios salvó a Sadrac, Mesac y Abed-nego del horno de fuego

1. Considere las siguientes preguntas:

a. ¿Has elegido obedecer a Dios en una situación difícil? ¿Qué pasó? ¿Qué te dio confianza para hacer eso?
b. ¿Qué sabes sobre la historia del horno de fuego?

2. Repaso del vocabulario clave:

◎ BABILONIA:
una ciudad-estado de la antigua Mesopotamia (en el actual Irak)

◎ REY NABUCODONOSOR:
el rey de Babilonia

◎ HORNO:
un dispositivo utilizado para calentar o quemar

◎ RABIA:
una ira salvaje o intensa

◎ HEBREO:
en tiempos bíblicos, un hebreo era una persona que vivía en, o era originaria de la tierra de Israel. Un miembro de las 12 tribus de Israel

3. Lee Daniel 3:1-27 en la Biblia o lee la siguiente historia:

El rey Nabucodonosor creó una estatua de oro que medía 60 codos de alto y 6 codos de ancho. La colocó en la llanura de Dura, en la provincia de Babilonia. Cuando los babilonios escucharon los sonidos de los instrumentos musicales, todos se inclinaron y adoraron la imagen de oro. Pero tres hombres hebreos, Sadrac, Mesac y Abed-nego, se negaron a adorar a este dios falso. Un grupo de hombres se acercó al rey y le dijeron: "Estos tres hebreos no adoran a tus dioses ni se inclinan ante la imagen de oro". En un ataque de ira, Nabucodonosor hizo que trajeran a los hombres hebreos ante él. "¿Por qué se niegan a servir a mi dios y adorar la estatua?", preguntó. "Si no adorares, seréis arrojados a un horno ardiente". Pero los tres hombres se negaron. "Dios puede librarnos de un horno de fuego ardiendo. Si no, igual no nos inclinaremos ante tus dioses ni adoraremos tu imagen". Furioso, el rey hizo calentar un horno siete veces más de lo habitual. Luego ordenó a ciertos hombres valientes que ataran a Sadrac, Mesac y Abed-nego y los arrojaran al fuego. El calor del fuego fue tan intenso que incluso mató a los hombres que habían arrojado a los hebreos al horno. Poco tiempo después, el rey se asombró al encontrar a Sadrac, Mesac y Abed-nego caminando en medio del horno. Y para su sorpresa, notó una cuarta figura caminando junto a ellos. "Veo a cuatro hombres caminando en el fuego y están ilesos", dijo. "El cuarto hombre parece un hijo de los dioses. ¡Siervos del Dios Altísimo, salid!". Sadrac, Mesac y Abed-nego salieron ilesos del horno. Increíblemente, sus ropas no habían sido tocadas por el fuego y ni siquiera había una pizca de humo.

Oración de cierre:

◉ Termine la lección con una oración.

4. Repaso de la historia de la Biblia:

1. ¿Quién fue el rey Nabucodonosor?
2. ¿Quiénes eran Sadrac, Mesac y Abed-nego? ¿Por qué estaban en Babilonia?
3. ¿Por qué el rey calentó el horno siete veces más de lo normal?
4. ¿Por qué crees que Dios salvó a los hombres hebreos del horno?
5. ¿Quién fue el cuarto hombre en el fuego?

5. Preguntas de discusión para fomentar el pensamiento crítico:

Contrasta: ¿En qué se diferenció el comportamiento de Sadrac, Mesac y Abed-nego del comportamiento de los babilonios?
Analiza: ¿Por qué los hebreos se negaron a adorar la imagen de oro?
Explica: ¿Por qué se usaron instrumentos musicales para ordenarle a la gente que adoraran la imagen de oro?
Describe: ¿Qué vio el rey cuando miró dentro del horno? ¿Por qué llamó a los hombres "siervos del Dios Altísimo"?

6. Actividades:

✱ Cuestionario de la Biblia: El horno de fuego
✱ Sopa de letras de la Biblia: El horno de fuego
✱ Página para colorear: El horno de fuego
✱ Hoja de trabajo: ¿Lo sabías?
✱ Hoja de trabajo: El horno de fuego
✱ Hoja de trabajo: Hornos de la antigua Babilonia

El horno DE FUEGO

Lee Daniel 3:1-3:30. Responde las siguientes preguntas.

(1) ¿A qué reino Daniel y sus amigos fueron llevados prisioneros?

(2) ¿Quiénes eran los tres amigos de Daniel?

(3) ¿Qué rey había colocado la estatua de oro?

(4) ¿Cómo desobedecieron los tres hombres hebreos al rey de Babilonia?

(5) ¿Cómo castigó el rey a los chicos?

(6) ¿Cuántas veces más caliente de lo normal estaba el horno?

(7) ¿Qué pasó con los valientes que arrojaron a los chicos al fuego?

(8) ¿Qué vio el rey cuando miró dentro del horno?

(9) Cuando los tres hombres salieron del fuego, ¿qué vieron los oficiales?

(10) ¿Qué pasó con los tres hombres después de que salieron del fuego?

El horno DE FUEGO

Lee Daniel 3:1-3:30.
Encuentra y encierra en un círculo las siguientes palabras.

U	H	H	L	W	M	M	S	A	D	R	A	C	O	L
B	A	B	I	L	O	N	I	A	Y	D	D	O	L	I
N	A	B	U	C	O	D	O	N	O	S	O	R	T	M
U	F	D	Q	M	I	I	P	B	P	L	R	E	P	A
H	O	J	Z	D	T	O	X	C	G	S	A	Y	M	G
L	E	X	O	B	E	L	M	U	W	K	R	Q	F	E
T	L	B	I	F	I	E	D	E	X	C	B	X	U	N
A	L	T	R	C	B	N	N	P	S	X	X	J	E	D
O	G	W	J	E	A	N	K	L	H	A	G	I	G	O
L	Y	K	L	R	O	E	T	M	H	S	C	N	O	R
D	I	O	S	A	L	T	Í	S	I	M	O	W	K	A
Z	K	N	A	A	U	F	R	Q	F	B	X	S	N	D
R	Y	N	A	B	E	D	N	E	G	O	J	T	E	A
T	E	O	I	U	K	S	K	J	H	O	R	N	O	P
R	S	U	H	G	C	S	Á	T	R	A	P	A	S	J

HEBREO

ABEDNEGO

SADRAC

NABUCODONOSOR

HORNO

DIOS ALTÍSIMO

FUEGO

ADORAR

BABILONIA

SÁTRAPAS

IMAGEN DORADA

MESAC

"**He aquí yo veo cuatro varones sueltos, que se pasean en medio del fuego sin sufrir ningún daño...**"

(Daniel 3:25)

¿Lo sabías?

En la antigua Babilonia, se usaban hornos para ejecutar a las personas que desobedecían al rey. Fue visto como una medida necesaria para mantener el orden y garantizar la seguridad de las personas. Esta forma de ejecución estaba reservada para quienes habían cometido los delitos más graves.

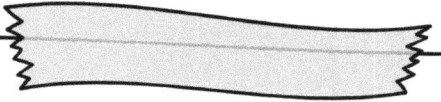

Investiga los hornos usados en la antigua Babilonia. Haz un dibujo del tipo de horno en el que fueron arrojados Sadrac, Mesac y Abed-nego.

El horno de fuego

Elige algunas palabras para describir el milagro del horno de fuego.

....

....

....

....

....

....

....

....

Imagina que eres el rey Nabucodonosor. ¿Qué piensas cuando ves a cuatro hombres vivos en el fuego?

....

....

....

....

....

....

....

Este milagro me enseña...

....

....

....

....

....

....

Dibuja el horno de fuego. ¡Usa tu imaginación!

Hornos de la antigua Babilonia

En la antigua ciudad de Babilonia, una fuente confiable de calor era esencial para muchas industrias y procesos. Desde la producción de cerámica hasta la fundición de mineral de hierro y la cocción de ladrillos, los hornos se utilizaron de diversas formas. Los hornos más utilizados fueron los hornos de arcilla. Estos hornos se construían cavando un hoyo en el suelo y recubriéndolo con arcilla. Luego se construían las paredes del pozo y se colocaba en el fondo el combustible, típicamente hecho de madera, carbón vegetal y estiércol animal. Una pequeña abertura en la parte superior del horno permitiría que el calor escapara y se agregara el combustible. Luego, las paredes de arcilla se sellaban con arcilla y arena y se encendía el fuego. El calor del fuego haría que la arcilla se volviera porosa y actuara como un conductor de calor, permitiendo que el calor se distribuyera uniformemente por todo el horno.

Aunque los hornos de arcilla tenían un diseño simple, eran muy efectivos. Al controlar el calor y la cantidad de combustible utilizado, los artesanos babilónicos pudieron alcanzar las temperaturas específicas necesarias para la producción de bienes. Esto les permitió crear muchos productos, como cerámica, ladrillos y joyas. Además de los hornos de arcilla, se utilizaba un tipo de horno conocido como "tannur". Este horno estaba hecho de ladrillos cocidos y estaba construido con una parte superior en forma de cúpula y una base ahusada. Este diseño permitió una distribución de calor más eficiente y permitió que el calor alcanzara temperaturas más altas. Este tipo de horno era ideal para la fundición de metales, como el cobre y el hierro. También se utilizaron hornos para torturar y ejecutar a los ciudadanos que desobedecían al rey.

1. ¿Cómo se construían los hornos de barro?

2. ¿Qué tipo de horno se usaba para fundir metales?

3. ¿Cuál era el propósito de los hornos en la antigua Babilonia?

PLAN DE LA LECCIÓN

Daniel y los leones: Daniel 6:1-28

Objetivos de la lección:

Al final de esta lección, los niños podrán:
1. Entender por qué Daniel fue arrojado al foso de los leones
2. Explicar cómo Dios salvó a Daniel de los leones

1. Considere las siguientes preguntas:

a. ¿Alguna vez has visto leones en el zoológico o en un parque? ¿Alguna vez has estado dentro de la jaula de un león? ¿Has estado cerca de un león? Si es así, ¿cómo te sentiste?
b. ¿Qué sabes sobre la historia de Daniel y los leones?

2. Repaso del vocabulario clave:

◉ BABILONIA:
una ciudad-estado de la antigua Mesopotamia (en el actual Irak)

◉ REY DARÍO:
el rey de Babilonia

◉ SÁTRAPA:
un gobernador provincial en el antiguo imperio babilónico

◉ CONFIAR:
creer que alguien es bueno y honesto y que no te hará daño, o que algo es seguro y confiable

◉ MALICIOSO:
no amable con alguien, una acción que causa daño o dolor a otra persona

3. Lee Daniel 6:1-28 en la Biblia o lee la siguiente historia:

El rey Darío nombró 120 sátrapas en todo su reino, con tres altos funcionarios, de los cuales Daniel era uno, a quienes los sátrapas darían cuenta para proteger al rey. Daniel se elevó rápidamente por encima de los demás funcionarios y sátrapas debido a su excelente espíritu. El rey estaba complacido con Daniel. Planeaba hacerlo gobernante de todo el reino. Pero los altos funcionarios y los sátrapas no estaban contentos. Estaban decididos a encontrar una razón para acusar a Daniel. Le dijeron al rey: "Haz una ley que diga que todos deben rezarte como su dios durante los próximos treinta días. Si rezan a otro dios, serán arrojados a los leones". El rey estuvo de acuerdo. Cuando Daniel se dio cuenta de que la ley había sido firmada, regresó a su casa, donde tenía las ventanas abiertas hacia Jerusalén. Se arrodilló y oró tres veces al día, dando gracias a Dios como siempre lo había hecho. ¡Los sátrapas estaban felices! Corrieron a ver al rey. "Daniel violó la ley y oró a su dios. Recuerda que dijiste que cualquiera que desobedezca esta ley debe ser castigado". El rey estaba profundamente preocupado. Intentó salvar a Daniel de esta ley, pero no pudo hacerlo. Tuvo que ordenar que arrojaran a Daniel al foso de los leones. "¡Que tu Dios, a quien sirves continuamente, te libre!", dijo el rey. Hizo rodar una piedra sobre la boca del foso y la selló con su propio anillo de sello. Esa noche, el rey no pudo dormir. Al amanecer, fue al foso a ver a Daniel. "¿Te ha salvado tu Dios de los leones?", gritó. "Mi Dios envió un ángel a cerrar la boca de los leones para que no me comieran. Él sabía que yo confiaba en Él y que no había hecho nada malo", respondió Daniel. El rey estaba encantado. Daniel fue sacado ileso del foso. En cambio, los hombres que lo habían acusado maliciosamente fueron arrojados al foso, junto con sus familias.

Oración de cierre:

◉ Termine la lección con una oración.

4. Repaso de la historia de la Biblia:

1. ¿Por qué el rey no pudo cambiar la ley?
2. ¿Cómo selló el rey la puerta?
3. ¿Cómo protegió Dios a Daniel de los leones?
4. ¿Por qué los leones no lastimaron a Daniel?
5. ¿Por qué se alegró el rey de ver que Daniel estaba vivo?

5. Preguntas de discusión para fomentar el pensamiento crítico:

Contrasta: ¿Cómo difirió el comportamiento del rey antes y después de que arrojaran a Daniel al foso de los leones?
Analiza: ¿Por qué arrojaron a Daniel al foso de los leones?
Explica: ¿Cómo pudo sobrevivir Daniel una noche con los leones?
Describe: ¿Cómo se sintió Daniel cuando lo arrojaron al foso de los leones?

6. Actividades:

✱ Cuestionario de la Biblia: Daniel y los leones
✱ Sopa de letras de la Biblia: Daniel y los leones
✱ Página para colorear: Daniel y los leones
✱ Hoja de trabajo: Los sátrapas persas
✱ Hoja de trabajo: Daniel y los leones
✱ Hoja de trabajo: Babilonia

Daniel y los LEONES

Lee Daniel 1:1-6:28. Responde las siguientes preguntas.

1. ¿Cuál era el nuevo nombre de Daniel en Babilonia?

2. ¿Qué hizo Daniel por el rey Nabucodonosor?

3. ¿Qué comió Daniel en lugar de la comida y la bebida del rey?

4. ¿Quiénes conspiraron para matar a Daniel?

5. ¿Qué le sucedió a Daniel después de dar gracias a Yahweh junto a su ventana abierta?

6. ¿Por qué fue arrojado Daniel a los leones?

7. ¿Qué rey arrojó Daniel a los leones?

8. ¿Cómo se selló el foso de los leones?

9. ¿Cómo fue protegido Daniel de los leones en el foso?

10. ¿Qué se les hizo a los hombres que habían acusado a Daniel?

Daniel y los
LEONES

Lee Daniel 1:1-6:28.
Encuentra y encierra en un círculo las siguientes palabras.

U	L	K	M	G	R	A	G	R	Q	Z	X	F	M	H
P	J	P	A	A	X	Á	B	E	R	O	N	P	T	E
A	R	E	R	S	J	N	F	I	V	F	M	B	S	O
T	F	S	R	Q	Y	G	T	N	D	G	X	U	P	Q
B	H	Á	W	U	V	E	N	O	Q	Q	R	Z	E	I
Y	W	T	A	B	S	L	Z	W	J	R	F	K	R	R
P	T	R	P	J	K	A	C	F	R	X	N	W	S	E
T	N	A	W	G	M	C	L	A	P	I	O	D	A	Y
P	G	P	M	Q	C	A	R	É	X	B	J	A	S	D
N	L	A	M	E	D	O	S	D	N	Y	W	N	O	A
C	E	S	D	P	S	U	U	G	C	N	S	I	T	R
C	J	D	E	C	R	E	T	O	O	Q	Z	E	I	Í
B	A	B	I	L	O	N	I	A	N	S	G	L	O	O
F	O	S	O	D	E	L	O	S	L	E	O	N	E	S
J	E	W	C	S	B	O	E	H	R	E	Z	A	R	O

FOSO DE LOS LEONES

REINO

MEDOS

PERSAS

DECRETO

REZAR

BABILONIA

JERUSALÉN

SÁTRAPAS

REY DARÍO

ÁNGEL

DANIEL

"Entonces el rey mandó, y trajeron a Daniel, y le echaron en el foso de los leones."

(Daniel 6:16)

Los sátrapas persas

Los sátrapas eran gobernantes locales designados por el rey para gobernar provincias individuales. Su trabajo consistía en acuñar monedas, recaudar impuestos y tributos, controlar a los funcionarios locales y hacer cumplir la ley y el orden en la provincia. El sátrapa incluso tenía un ejército local, aunque las guarniciones en las ciudadelas y el ejército regular estaban bajo el mando del rey. Pero en ocasiones los sátrapas se rebelaron. Bajo reyes como Ciro el Grande o Darío el Grande, el sistema de satrapía funcionó bien. Bajo otros reyes, los sátrapas se rebelaron repetidamente. A veces, el oficio de sátrapa se transmitía de padres a hijos y algunas dinastías de sátrapas continuaron durante muchas generaciones.

Debido a que no siempre se podía confiar en los sátrapas, se designaron funcionarios para supervisarlos y asegurarse de que no robaran impuestos y tributos, ni conspiraran contra el rey. En Daniel 6:1-15, los sátrapas introdujeron una ordenanza que les permitía condenar a muerte a Daniel. ¿Hicieron esto porque Daniel era los "ojos del rey" y reportaría cualquier actividad deshonesta o ilegal por parte de un sátrapa? ¿Qué opinas?

1. ¿Cuál era el rol de un sátrapa?

2. ¿Por qué crees que no siempre se podía confiar en los sátrapas?

3. ¿Por qué crees que un grupo de sátrapas conspiró para organizar la muerte de Daniel?

Un sátrapa persa

Daniel y los leones

Daniel amaba a Yahweh y le oraba todos los días. ¿Cómo le demuestras a Dios que lo amas?

....
....
....
....
....
....
....

Imagina que eres Daniel en el foso de los leones. ¿Qué le dirías al ángel?

....
....
....
....
....
....
....

Daniel me enseña...

....
....
....
....
....
....

Haz un dibujo de Daniel en el foso de los leones.

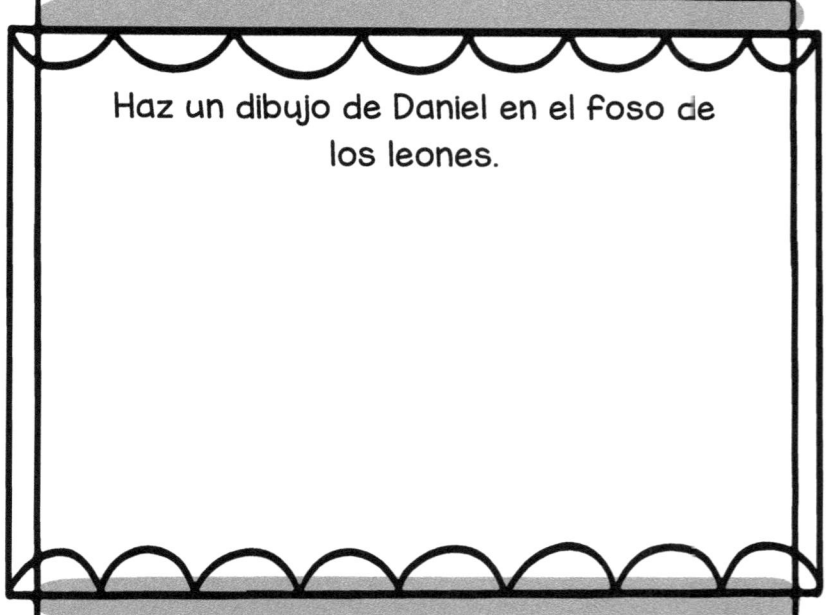

Babilonia

Durante sus primeros mil años, Babilonia fue un pueblo. Más tarde, se convirtió en una poderosa ciudad-estado, la ciudad capital y el nombre de uno de los imperios más grandes de la historia. Era conocida por sus hermosos palacios, templos y torres. Durante siglos, varias tribus, incluidos los casitas, los caldeos, los arameos y los asirios, controlaron la ciudad. Durante ese período, Babilonia fue considerada como un centro de aprendizaje y cultura.

Después de que muriera el último de los gobernantes asirios de Babilonia, Babilonia se volvió aún más rica e importante debido a la influencia del rey Nabucodonosor II. Fue celebrado como el constructor que hizo de Babilonia la ciudad más espléndida del mundo. Babilonia perdió su independencia cuando Ciro el Grande de Persia invadió la tierra, pero siguió siendo un centro de comercio y cultura. Sin embargo, como todos los imperios antiguos, Babilonia finalmente declinó. Sus edificios se derrumbaron y se utilizaron para proporcionar ladrillos para otras estructuras. La ciudad finalmente quedó reducida a ruinas.

1. Lee Daniel 1. ¿Por qué Daniel fue llevado a Babilonia?

2. Encuentra cinco versículos de la Biblia que mencionen a Babilonia.

3. ¿Por qué crees que todos los imperios eventualmente decaen?

Un babilonio

PLAN DE LA LECCIÓN

Las bodas de Caná: Juan 2:1-11

Objetivos de la lección:

Al final de esta lección, los niños podrán:
1. Entender cómo Yeshua convirtió el agua en vino
2. Volver a contar la historia de las bodas de Caná con sus propias palabras

1. Considere las siguientes preguntas:

a. Muestre a los niños fotos de su boda o de la boda de un amigo. Pregúnteles: ¿Qué piensas? ¿Había mucha comida y bebida, o se acabaron? ¿Qué hubieras hecho si te hubieras quedado sin comida y bebida en una boda?

b. ¿Qué sabes de la historia de las bodas de Caná?

2. Repaso del vocabulario clave:

◉ CANA:
un pueblo en Galilea, cerca de Capernaum

◉ GALILEA:
una región en el norte de Israel

◉ DISCÍPULO:
una persona que sigue las enseñanzas de Yeshua y trata de aprender a ser como Él

◉ YESHUA:
el nombre hebreo de Jesús

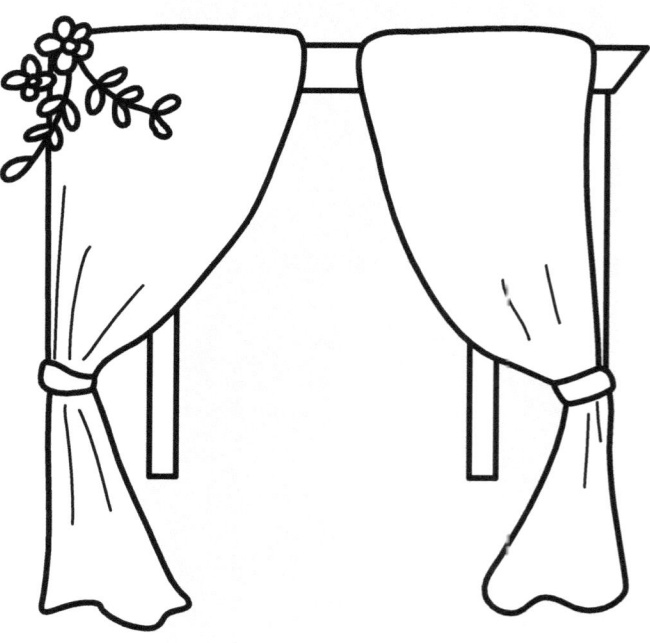

3. Lee Juan 2:1-11 en la Biblia o lee la siguiente historia:

Al tercer día se celebró una boda en Caná de Galilea. Yeshua y Sus discípulos fueron invitados. Inesperadamente, ¡se acabó el vino para los invitados! María, la madre de Yeshua, le dijo: "No tienen vino". Pero Yeshua le preguntó: "¿Qué tiene esto que ver conmigo? Mi hora aún no ha llegado". Entonces, María fue a los sirvientes y les dijo: "Hagan lo que Él les diga". Había seis grandes tinajas de piedra para agua que se usaban para los rituales de purificación. Yeshua les dijo a los sirvientes: "Llenen las tinajas con agua". Los sirvientes llenaron las tinajas hasta el borde, hasta que casi se desbordaron. Entonces Él les dijo: "Llevad del agua al maestresala". Cuando el maestresala probó el agua, ahora convertida en vino, ¡se quedó asombrado! "¿De dónde ha venido esto?", preguntó. "Todo el mundo sirve primero el buen vino. Cuando la gente haya bebido libremente, entonces beben el vino pobre. Pero tú has guardado el buen vino hasta ahora". Esta fue la primera de las señales del Mesías, y reveló Su gloria. Y Sus discípulos creyeron en Él.

4. Repaso de la historia de la Biblia:

1. 1. ¿Quiénes estaban en la boda?
2. 2. ¿Dónde fue la boda?
3. 3. ¿Qué milagro realizó Yeshua?
4. 4. ¿Qué les dijo Yeshua a los sirvientes que hicieran?
5. 5. ¿Cómo crees que reaccionaron los invitados a la boda ante este milagro?

5. Preguntas de discusión para fomentar el pensamiento crítico:

Contrasta: ¿Cómo se comparó el comportamiento de Yeshua con el comportamiento de los sirvientes?
Analiza: ¿Por qué Yeshua convirtió el agua en vino?
Explica: ¿Cómo reaccionaron los discípulos ante Yeshua cuando vieron este milagro?
Describe: ¿Cuál fue la reacción de los invitados a la boda cuando probaron el vino?

6. Actividades:

* Cuestionario de la Biblia: Las bodas de Caná
* Sopa de letras de la Biblia: Las bodas de Caná
* Página para colorear: Las bodas de Caná
* Hoja de trabajo: Una boda hebrea
* Hoja de trabajo: Las bodas de Caná
* Actividad del mapa: El galileo

Oración de cierre:

Termine la lección con una oración.

Las bodas DE CANÁ

Lee Juan 2:1-12. Responde las siguientes preguntas.

(1) ¿A qué celebración fue invitado Yeshua?

(2) ¿En qué localidad se realizó la celebración?

(3) ¿Quién fue la madre de Yeshua?

(4) Aparte de Yeshua, ¿quién más fue invitado a la boda?

(5) ¿Cuántas tinajas de piedra para agua había en la boda?

(6) ¿Cuántos galones de agua cabría en cada jarra?

(7) ¿Qué instrucciones dio Yeshua a los sirvientes?

(8) ¿En qué convirtió Yeshua el agua?

(9) Después de que el maestresala probó el vino, ¿a quién llamó?

(10) Después de la fiesta de bodas, ¿adónde fue Yeshua después?

Las bodas DE CANÁ

Lee Juan 2:1-12.
Encuentra y encierra en un círculo las siguientes palabras.

```
M A T R I M O N I O D V D U C
G X A G U A A G T T J Z O Q E
A F T T R D U C C V T E V U E
L F C B T Z F Z N O I B I B U
I D V N H L N K O K I Y N S P
L Y R G M A S W V R M L O I M
E N L M X R E Y I J K W I N I
A D S I A N V T O H T K T V L
D I S C Í P U L O S L W Q I A
C N X U T H X A F V T M B T G
M K X T Q N O O K K B Q W A R
S E I S J A R R O N E S R D O
N R U C F K J B O D A S Z O J
A G L O R I A Y G D D H L S Y
I S R A E L I T A S N V L H X
```

AGUA

GLORIA

MILAGRO

MATRIMONIO

ISRAELITAS

SEIS JARRONES

GALILEA

VINO

DISCÍPULOS

NOVIO

INVITADOS

BODA

Juan 2:1-12

"Llenad estas tinajas de agua".

Una boda hebrea

En la antigua cultura hebrea, las bodas eran un asunto muy diferente a las bodas modernas de hoy. En lugar de que la novia y el novio fueran responsables de seleccionarse mutuamente, el padre del novio era responsable de elegir una novia para su hijo. Luego, los padres de la pareja negociaban el precio de la novia, que se documentaba en una ketubah, un documento legal que finalizaba el matrimonio. Después de que se firmara la ketubah, la novia y el novio no vivirían juntos durante un año completo. Si deseaban poner fin al matrimonio, el novio perdería el precio de la novia que había pagado. Cuando el padre del novio encontraba lista a la novia, invitaba al novio a recogerla y traerla de regreso para la fiesta de bodas, que podía durar hasta siete días. Este paso, llamado nisuin, marcaba la finalización del proceso de matrimonio. En la boda a la que asistieron Yeshua y Sus discípulos, la pareja ya habría firmado la ketubah, lo que los haría legalmente casados.

¿Quién elegía una novia para su hijo?

....

¿Qué instrucciones le daba el padre del novio al novio cuando veía que la novia estaba lista?

....

....

....

....

....

Las bodas de Caná

Haz un dibujo de Yeshua convirtiendo el agua en vino.

Imagina que eres un discípulo. ¿Qué le dirías a Yeshua después de verlo convertir el agua en vino?

....

....

....

....

....

....

....

Este milagro me enseña...

....

....

....

....

....

....

Diseña una invitación para una boda.

El galileo

Yeshua y Sus discípulos pasaron mucho tiempo en Galilea, una región situada en el norte de Israel. La distancia entre Galilea y Jerusalén se estimó en alrededor de 80 millas, tomando hasta una semana viajar entre los dos lugares. Usando Internet o un atlas histórico, marca las seis ciudades y pueblos de Galilea en el mapa: Iberias, Betsaida, Genesaret, Khersa, Magdala y Capernaum.

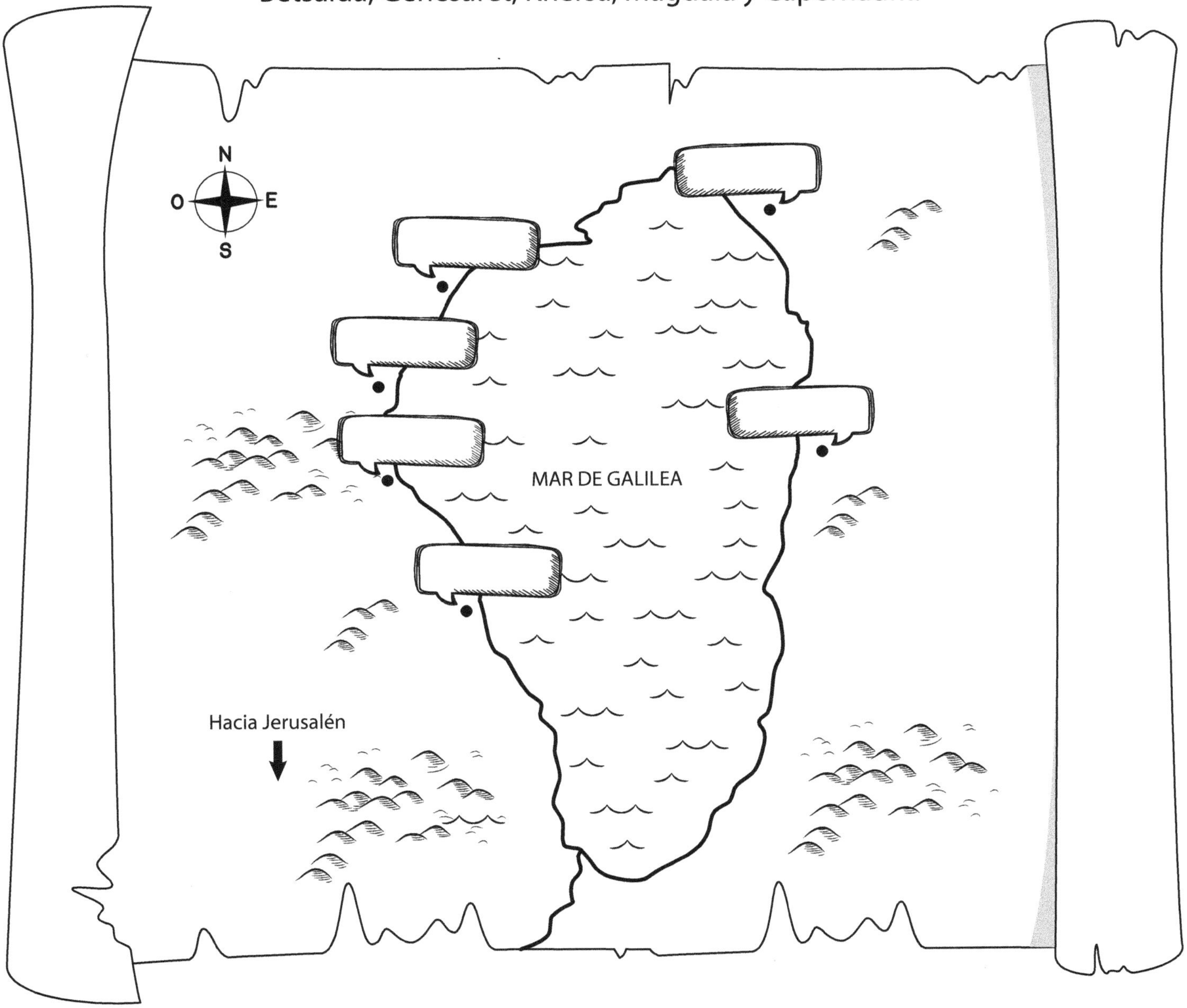

MAR DE GALILEA

Hacia Jerusalén

PLAN DE LA LECCIÓN

Alimentando a los 5.000: Juan 6:1-14

Objetivos de la lección:

Al final de esta lección, los niños podrán:
1. Entender cómo Yeshua alimentó a 5.000 personas en Galilea
2. Volver a contar la historia de Yeshua alimentando a los 5.000 con sus propias palabras

1. Considere las siguientes preguntas:

a. ¿Alguna vez te da hambre cuando estás fuera de casa? ¿Cuál es tu lugar favorito para comer cuando no estás en casa? ¿Dónde crees que comían los israelitas cuando tenían hambre y estaban lejos de casa?
b. ¿Qué sabes de la historia de alimentando a los 5.000?

2. Repaso del vocabulario clave:

◎ GALILEA:
una región en el norte de Israel

◎ DISCÍPULO:
una persona que sigue las enseñanzas de Yeshua y trata de aprender a ser como Él

◎ YESHUA:
el nombre hebreo de Jesús

◎ LA PASCUA:
una comida de pan, cordero y hierbas amargas para recordar la liberación de los hebreos de la esclavitud en Egipto; después de la muerte de Yeshua, la comida señaló Su cumplimiento de este Tiempo Designado

◎ DENARIO:
una antigua moneda de plata romana

3. Lee Juan 6:1-14 en la Biblia o lee la siguiente historia:

Yeshua viajó al otro lado del mar de Galilea. Lo seguía una gran multitud de israelitas debido a las señales que hacía en los enfermos. Subió al monte, donde se sentó en la hierba con Sus discípulos. En este momento, la Fiesta de los Panes sin Levadura de siete días estaba a punto de comenzar, una fiesta que comenzaba con la cena de Pascua. Muchos israelitas subieron de Galilea a Jerusalén para purificarse antes de la fiesta. Cuando Yeshua miró hacia arriba y vio que la gran multitud venía hacia Él, le dijo a Felipe: "¿Dónde puedes comprar pan para que coma la gente?". Hizo esta pregunta para probar a Felipe, ya que Él ya sabía qué hacer. "Aunque tengamos 200 denarios, no compraremos suficiente pan para alimentar a todos", respondió Felipe. Uno de los discípulos, Andrés, el hermano de Simón Pedro, le dijo a Yeshua: "Aquí hay un muchacho que tiene cinco panes de cebada y dos peces, pero no alcanza para alimentar a todos". Sin embargo, Yeshua no estaba preocupado. Sabía exactamente qué hacer. Después de decir a los hombres que se sentaran, tomó el pan y el pescado, dio gracias y los repartió entre la gente. Todos comieron hasta llenarse. Cuando terminaron, los discípulos recogieron doce cestas de pan que habían dejado los que habían comido. Cuando la gente vio esta señal, dijeron: "¡Este verdaderamente es el profeta que había de venir al mundo!".

Oración de cierre:

◉ Termine la lección con una oración.

4. Repaso de la historia de la Biblia:

1. ¿Por qué una multitud de israelitas seguía a Yeshua?
2. ¿Por qué crees que Yeshua probó a Felipe?
3. ¿Qué milagro realizó Yeshua?
4. ¿Qué les dijo Yeshua a Sus discípulos que hicieran?
5. ¿Cómo crees que reaccionó la gente ante este milagro?

5. Preguntas de discusión para fomentar el pensamiento crítico:

Contrasta: ¿Cómo se compararon las acciones de Yeshua con las acciones de Felipe y Andrés?
Analiza: ¿Cuál fue el significado de la decisión de Yeshua de alimentar a la multitud?
Explica: ¿Qué es la cena de Pascua y la Fiesta de los Panes sin Levadura?
Describe: ¿Cuál fue el impacto de este milagro en los discípulos?

6. Actividades:

✳ Cuestionario de la Biblia: Alimentando a los 5.000
✳ Sopa de letras de la Biblia: Alimentando a los 5.000
✳ Página para colorear: Alimentando a los 5.000
✳ Hoja de trabajo: ¡Hagamos pan de cebada!
✳ Hoja de trabajo: Alimentando a los 5.000
✳ Hoja de trabajo: Galilea

Alimentando a Los 5.000

Lee Juan 6:1-15. Responde las siguientes preguntas.

1. ¿Qué comida tenía un niño con él?

2. ¿Cuántas personas se habían reunido para escuchar a Yeshua enseñar?

3. ¿Qué otro nombre recibe el mar de Galilea?

4. ¿En qué lugar estaban Yeshua y Sus discípulos cuando alimentó a la gente?

5. Yeshua le preguntó a Felipe: "¿Dónde compraremos pan para que coma el pueblo?". ¿Por qué le hizo esta pregunta?

6. ¿Qué hizo Yeshua cuando sostuvo las hogazas de pan?

7. Después de que la gente hubo comido, ¿cuántas canastas se llenaron con pedazos de pan?

8. ¿En qué región tuvo lugar este evento?

9. ¿Qué Tiempo Designado (Fiesta) estaba a punto de comenzar?

10. ¿Adónde fue Yeshua después de haber alimentado a la multitud?

Alimentando a Los 5.000

Lee Juan 6:1-15.
Encuentra y encierra en un círculo las siguientes palabras.

```
K N J P M W U Y H J K K X F T
U P Z C A L Y B M A L Q S E I
P E C E S S F X T H U S I L E
Q A P V V P C N K W V H G I R
K Y U E Q G S U F Z A G T P R
G W P G S G A B A Q S S I E A
Z N E C S C M L T O U S B F D
E T P C M X A W I R I M E N E
N R G L Q J R D V L E X R N I
S J Q M P V N D O X E K Í D S
E E A T A B R L J R S A A P R
Ñ T V E W K J L J D T P D A A
A L D I S C Í P U L O S E N E
R S I N L E V A D U R A S B L
C E B A D A T D F W T K U K D
```

PASCUA

FELIPE

PAN

PESCADOR

ENSEÑAR

PECES

GALILEA

SIN LEVADURA

TIERRA DE ISRAEL

DISCÍPULOS

TIBERÍADES

CEBADA

Aquí está un muchacho, QUE TIENE cinco panes de cebada y dos pececillos...

(JUAN 6:9)

¡Hagamos pan de cebada!

El pan de cebada era un importante alimento básico en el antiguo Israel. Era un pilar de la dieta israelita, brindándoles una fuente confiable de carbohidratos y nutrientes esenciales. La cebada era uno de los granos más cultivados en el antiguo Cercano Oriente y se cultivaba en gran abundancia en muchas partes de la tierra de Israel. La evidencia arqueológica sugiere que la cebada era el grano más utilizado para elaborar pan en la región.

En la Biblia, la cebada era un alimento nutritivo y versátil, y se horneaba, hervía o freía de diversas maneras para crear pan, refrigerios y comidas. La cebada también se usaba para hacer cerveza y otras bebidas alcohólicas, para la alimentación animal y también con fines medicinales. ¡Hagamos una hogaza de pan de cebada!

Pan de cebada
3 tazas de harina de cebada (340 gramos)
1-1/4 cucharaditas de sal
2 cucharadas de polvo de hornear
cucharadita de bicarbonato de sodio
2 huevos
1-1/2 tazas (355 ml) de suero de leche
1/3 taza (79 ml) de aceite de oliva
3 cucharadas de miel

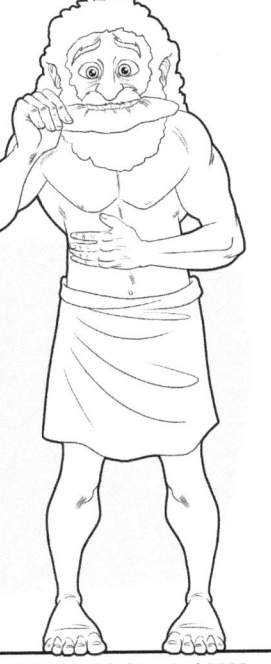

Instrucciones
Precalentar el horno a 350 F. Engrasar y enharinar ligeramente un molde para pan. Mezclar la harina de cebada, la sal, el bicarbonato de sodio y el polvo de hornear en un tazón. En otro tazón, mezclar los huevos, el suero de leche, el aceite y la miel. Verter los ingredientes húmedos en la mezcla de harina y revolver hasta que se mezclen. Verter la masa en el molde y hornear durante 35-40 minutos.

Alimentando a los 5.000

¿Cómo describirías el carácter de Yeshua?

....
....
....
....
....
....
....
....

Imagina que estabas en la multitud. ¿Qué le dirías a Yeshua?

....
....
....
....
....
....
....
....

Si este milagro saliera en un periódico, el titular diría...

....
....
....
....
....
....

Haz un dibujo para volver a contar la historia de alimentando a los 5.000.

Galilea

Galilea es una región ubicada en el norte de Israel. En el siglo I d.C., era un importante cruce de caminos para el comercio y su gente era conocida por su vibrante cultura y devoción religiosa. La región era principalmente agraria, con una próspera industria pesquera. Contenía una abundancia de recursos naturales, incluyendo aceite de oliva, higos, miel y trigo. Los granjeros solían viajar a las ciudades cercanas de Tiro y Sidón para comerciar con sus productos.

En la época del Mesías, Galilea era parte de la provincia romana de Judea. A pesar de que se consideraba una región apartada, lejos de los centros políticos y culturales de Jerusalén y Roma, era un área bulliciosa y vibrante. Fue el hogar de una variedad de sectas judías, incluidos los saduceos, fariseos y esenios. También fue hogar de samaritanos y griegos. Los galileos eran conocidos por su fuerte fe y devoción a Dios. A menudo se los consideraba más devotos que sus homólogos de Jerusalén, a quienes se consideraba más religiosos en apariencia. Galilea también fue el hogar de muchos de los discípulos de Yeshua. Estos incluían a Pedro, Andrés, Felipe y Bartolomé, así como a muchos otros seguidores. La región era conocida como un hervidero de inestabilidad política. Los zelotes, un movimiento político de Judea, estaban activos en Galilea (Judas y Simón Pedro eran zelotes). Se opusieron al dominio romano y buscaron restaurar la independencia de Judea.

¿Qué producía la región de Galilea?

....

¿Quiénes fueron algunos de los discípulos más cercanos de Yeshua que eran de Galilea?

....

....

¿Qué movimiento político estaba activo en Galilea?

....

PLAN DE LA LECCIÓN

Calmando la tormenta: Marcos 4:35-41 y Mateo 8:23-27

Objetivos de la lección:

Al final de esta lección, los niños podrán:
1. Entender cómo Yeshua calmó la tormenta en el mar de Galilea
2. Reconocer que poner nuestra fe en Dios es importante

1. Considere las siguientes preguntas:

a. ¿Cuántos de ustedes han estado alguna vez en una tormenta? ¿Cómo fue? ¿Cómo se sintieron? ¿Podrían controlar la tormenta?
b. ¿Qué sabes de la historia de calmando la tormenta?

2. Repaso del vocabulario clave:

◎ GALILEA:
una región en el norte de Israel

◎ DISCÍPULO:
una persona que sigue las enseñanzas de Yeshua y trata de aprender a ser como Él

◎ YESHUA:
el nombre hebreo de Jesús

◎ REPRENDER:
hablar con enojo a alguien porque desapruebas lo que dijo o hizo

3. Lee Marcos 4:35–41 en la Biblia o lee la siguiente historia:

Esa noche, Yeshua dijo a Sus discípulos: "Pasemos al otro lado del mar". Así que dejaron a la multitud y lo llevaron con ellos en la barca, y otras barcas les siguieron. Poco después, se levantó una feroz tormenta de viento en el mar de Galilea. Las olas comenzaron a chocar contra el bote, llenándolo de agua. Yeshua estaba dormido sobre un cojín en la popa de la barca. Sus discípulos lo despertaron clamando: "Maestro, ¿no te importa que estemos a punto de morir?". Él se despertó y reprendió al viento y al mar: "Calla, enmudece". Instantáneamente, el viento se detuvo y siguió una gran calma. No más olas atronadoras, no más vientos aulladores, no más fuertes lluvias... ¡la tormenta se había desvanecido! Así, Yeshua habló y la tormenta desapareció. Dirigiéndose a Sus discípulos, Yeshua preguntó: "¿Por qué tienen tanto miedo? ¿No tienen fe?". Estaban llenos de asombro y se preguntaban unos a otros: "¿Quién es este hombre, que hasta el viento y el mar le obedecen?".

Oración de cierre:

🔘 Termine la lección con una oración.

4. Repaso de la historia de la Biblia:

1. ¿Dónde tuvo lugar esta historia?
2. ¿Por qué los discípulos se refirieron a Yeshua como "maestro"?
3. ¿Por qué Yeshua reprendió a Sus discípulos?
4. ¿Cómo reaccionaron los discípulos ante este milagro?
5. ¿Por qué crees que a los discípulos les faltó fe?

5. Preguntas de discusión para fomentar el pensamiento crítico:

Contrasta: ¿Cómo reaccionó Yeshua a la tormenta en comparación con Sus discípulos?
Analiza: ¿Qué reveló este milagro sobre la fe de los discípulos?
Explica: ¿Por qué Yeshua eligió calmar la tormenta de esta manera?
Describe: ¿Qué emociones sintieron los discípulos cuando Yeshua calmó la tormenta?

6. Actividades:

✳ Cuestionario de la Biblia: Calmando la tormenta
✳ Sopa de letras de la Biblia: Calmando la tormenta
✳ Página para colorear: Calmando la tormenta
✳ Hoja de trabajo: Lago Tiberíades
✳ Hoja de trabajo: Calmando la tormenta
✳ Hoja de trabajo: ¿Qué es un discípulo?

Calmando la TORMENTA

Lee Mateo 8:23-27, Marcos 4:35-41 y Lucas 8:22-25.
Responde las siguientes preguntas.

1. ¿Cuál es el nombre hebreo de Jesús?

2. ¿En qué mar ocurrió este milagro?

3. ¿A qué hora del día Yeshua dejó a la multitud?

4. ¿Qué instrucciones dio Yeshua a Sus discípulos?

5. ¿Qué sucedió cuando Yeshua navegó por el mar?

6. ¿Por qué el bote comenzó a llenarse de agua?

7. ¿Qué estaba haciendo Yeshua cuando comenzó la tormenta?

8. ¿Qué le dijeron los discípulos a Yeshua cuando lo despertaron?

9. ¿Cómo calmó Yeshua la tormenta?

10. ¿Qué dijeron los discípulos después de que Yeshua calmó la tormenta?

Calmando la
TORMENTA

Lee Mateo 8:23-27, Marcos 4:35-41 y Lucas 8:22-25.
Encuentra y encierra en un círculo las siguientes palabras.

P	H	O	H	M	K	A	S	N	F	V	N	M	M	V
R	A	Z	M	K	V	F	P	W	O	A	D	U	A	I
J	H	Z	G	A	C	V	I	D	A	Q	I	L	E	E
C	A	Q	J	G	A	O	U	K	F	K	S	L	S	N
C	Y	C	T	Z	H	B	J	L	V	S	C	R	T	T
B	C	R	U	I	Z	O	W	Í	M	M	Í	E	R	O
W	H	F	Z	K	O	S	P	T	N	I	P	P	O	Y
C	T	O	R	M	E	N	T	A	B	E	U	R	Z	Z
K	A	G	G	D	J	G	Q	Q	D	D	L	E	C	Y
A	A	L	R	V	X	F	N	X	M	O	O	N	Q	B
O	Z	N	M	K	B	T	A	J	S	M	S	D	D	V
T	P	I	P	A	K	F	E	C	A	F	O	E	U	B
D	W	F	P	F	B	V	Q	E	J	C	C	R	T	R
M	A	R	D	E	G	A	L	I	L	E	A	G	Y	K
T	Q	J	S	O	B	E	D	E	C	E	R	J	A	C

FE

TORMENTA

CALMA

VIENTO

COJÍN

MAR DE GALILEA

OBEDECER

PAZ

REPRENDER

DISCÍPULOS

MAESTRO

MIEDO

"Pero se levantó una gran tempestad de viento, y echaba las olas en la barca..."

(Marcos 4:37)

Lago Tiberíades

El lago Tiberíades, también conocido como el mar de Galilea, es un lago de agua dulce ubicado en el Medio Oriente. Es el lago de agua dulce más bajo de la Tierra y el segundo lago más bajo del mundo. A pesar de su baja elevación, el lago tiene una amplia gama de temperaturas durante todo el año debido a su ubicación en el valle del rift de Jordania. La mayor parte del año, el clima en el lago Tiberíades es templado y soleado, con temperaturas que van desde mediados de los 60 hasta los 70 grados Fahrenheit (18-21 grados Celsius). Durante los meses de verano, la temperatura puede alcanzar hasta mediados 80 grados Fahrenheit (29 grados Celsius).

Las precipitaciones son relativamente bajas en el lago Tiberíades, con un promedio de solo 12 pulgadas (30 cm) por año. La mayor parte de la lluvia cae entre los meses de noviembre y abril, pero aún existe la posibilidad de lluvias en los meses de verano. El lago también es conocido por sus fuertes vientos, que pueden alcanzar hasta 40 mph (64 km/h). Estos vientos pueden causar grandes olas en el lago y dificultar la navegación. La pesca en el lago Tiberíades se remonta a los tiempos bíblicos y es donde Yeshua y Sus discípulos solían pescar. El lago era una parte importante de la economía en el antiguo Israel y proporcionaba una fuente de alimento para los israelitas que vivían en Galilea.

Lee el artículo. Responde las siguientes preguntas.

1. ¿Cuál es la temperatura promedio n el lago Tiberíades?

2. ¿Con qué tipo de barco crees que Yeshua y Sus discípulos navegaron a través del lago?

3. ¿Cuál es la velocidad máxima del viento en el lago Tiberíades?

Calmando la tormenta

¿Qué te enseñó este milagro acerca de Yeshua?

....
....
....
....
....
....
....
....

Imagina que eres un discípulo.
¿Qué le dirías a Yeshua después de que Él calmó la tormenta?

....
....
....
....
....
....

¿En qué tres lugares de la Biblia puedo encontrar este milagro?

....
....
....
....
....

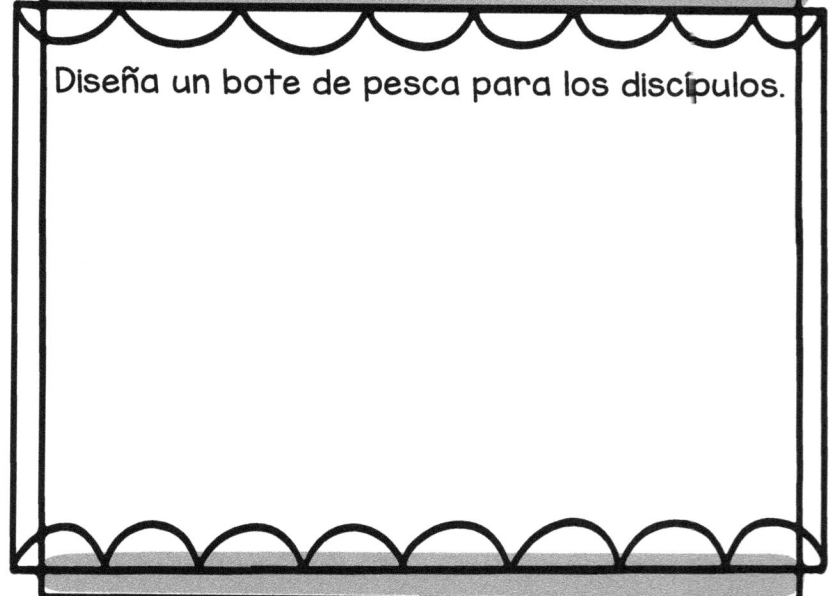

Diseña un bote de pesca para los discípulos.

¿Qué es un discípulo?

Yeshua tuvo doce discípulos. Sus nombres eran Simón Pedro, Andrés, Santiago (hijo de Zebedeo), Juan, Felipe, Bartolomé, Tomás, Mateo, Santiago (hijo de Alfeo), Tadeo, Simón el Zelote y Judas Iscariote (Mateo 10:1-4 y Lucas 6:12-16). Aprendamos lo que significa ser un discípulo.

Antes de la época de Yeshua, el discipulado ya era un proceso bien establecido dentro de la cultura hebrea. Para convertirse en discípulo, primero se tenía que terminar el Bet Midrash, que era donde los niños de 13 a 15 años estudiaban todo el Tanakh (Antiguo Testamento) mientras aprendían el oficio familiar. Un maestro invitaba a los niños que terminaban el Bet Midrash a convertirse en sus discípulos. Estos discípulos eran conocidos como talmidim y aprendían todo de su maestro. Comían la misma comida que comía su maestro, aprendían a guardar el Sabbat de la misma manera que su maestro guardaba el Sabbat y estudiaban la Torá exactamente de la misma manera que su maestro. Un discípulo tenía cuatro trabajos: memorizar las palabras de su maestro, aprender las tradiciones e interpretaciones de su maestro, imitar a su maestro y, después de estar completamente capacitado, se convertiría en maestro y enseñaría a sus propios discípulos.

"El discípulo no es superior a su maestro; mas todo el que fuere perfeccionado, será como su maestro" (Lucas 6:40).

Imito a Yeshua todos los días al…

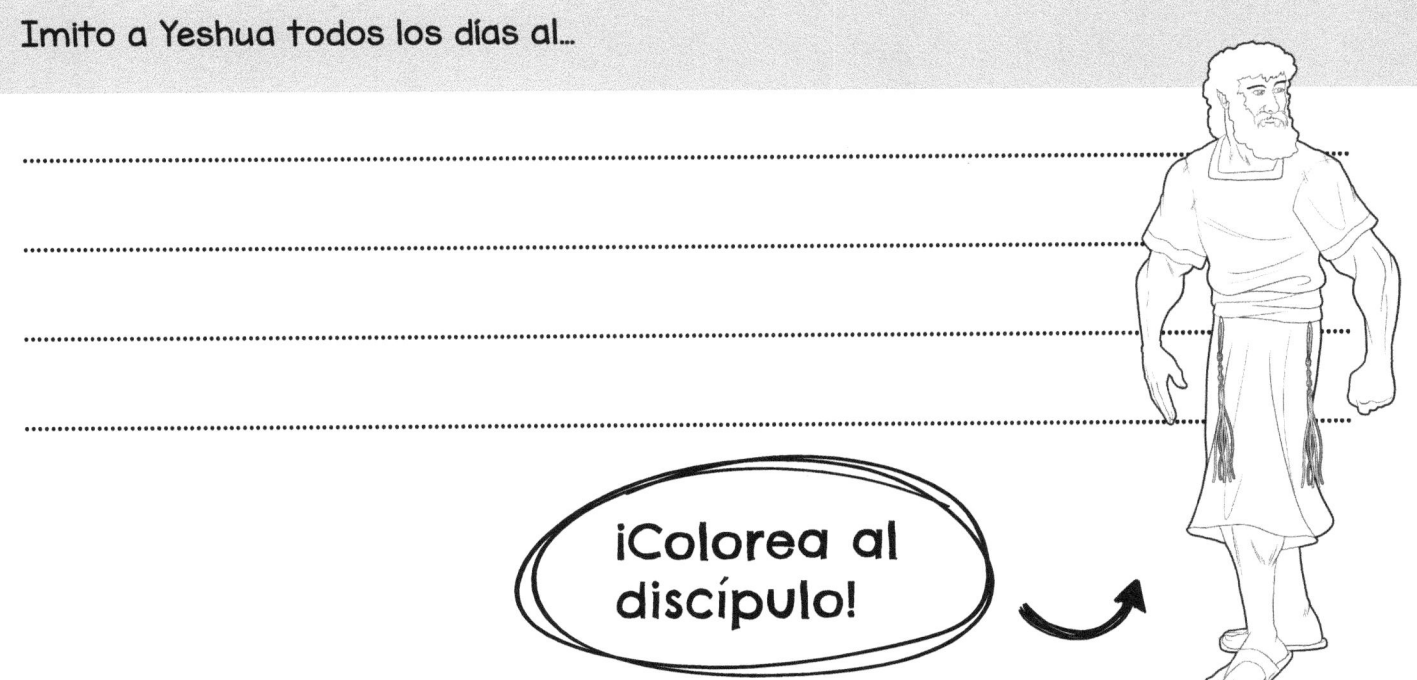

¡Colorea al discípulo!

PLAN DE LA LECCIÓN

Los diez leprosos: Lucas 17:11-19

Objetivos de la lección:

Al final de esta lección, los niños podrán:
1. Explicar cómo Yeshua sanó a los diez leprosos
2. Volver a contar la historia de los diez leprosos con sus propias palabras

1. Considere las siguientes preguntas:

a. ¿Alguna vez has hecho algo amable y nadie te lo agradeció? ¿Cómo te sentiste? ¿Cómo te sientes cuando alguien te agradece por ayudarlo?
b. ¿Qué sabes de la historia de los diez leprosos?

2. Repaso del vocabulario clave:

◉ LEPRA:
una enfermedad infecciosa de la piel

◉ SANAR:
curar una enfermedad o condición.

◉ SAMARIA:
una región central de Israel en tiempos bíblicos

◉ YESHUA:
el nombre hebreo de Jesús

◉ SAMARITANO:
una persona de Samaria, una región central de Israel en tiempos bíblicos

◉ FE:
creer o confiar en alguien o algo

3. Lee Lucas 17:11-19 en la Biblia o lee la siguiente historia:

Mientras Yeshua viajaba a Jerusalén, pasó entre Samaria y Galilea. De repente, se encontró con diez leprosos que se pararon a la distancia y gritaron: "¡Yeshua, Maestro, ten piedad de nosotros!". Yeshua les dijo que fueran a los sacerdotes, y como lo hicieron, fueron limpiados. Uno de los hombres, sin embargo, se volvió hacia Yeshua una vez sanado. Alabó a Dios a gran voz y se arrodilló para dar gracias a Yeshua. Para sorpresa de todos, este hombre era samaritano. Después de que las tribus del norte de Israel cayeron ante los asirios siglos antes, muchos israelitas se casaron con los asirios y se les conoció como los samaritanos. Tenían su propio templo, su propia copia de la Torá y su propio sistema religioso. Los judíos y los samaritanos no se llevaban bien y mantuvieron las distancias. Pero no Yeshua. Yeshua le dijo: "¿No son diez los que fueron limpiados? Y los nueve, ¿dónde están? ¿No hubo quien volviese y diese gloria a Dios sino este extranjero? Levántate, vete; tu fe te ha salvado". Abrumado por la gratitud, el hombre se levantó y siguió su camino.

Oración de cierre:

⊙ Termine la lección con una oración.

4. Repaso de la historia de la Biblia:

1. ¿Dónde tuvo lugar esta historia?
2. ¿Quiénes son los personajes principales de esta historia?
3. ¿Qué hizo Yeshua para ayudar a los leprosos?
4. ¿Quiénes eran los samaritanos?
5. ¿Cómo respondió uno de los leprosos a este milagro?

5. Preguntas de discusión para fomentar el pensamiento crítico:

Contrasta: ¿Cómo se compara el comportamiento de los nueve leprosos con el leproso agradecido?
Analiza: ¿Por qué los leprosos desagradecidos no agradecieron a Yeshua por haberlos sanado?
Explica: ¿Por qué Yeshua respondió de manera diferente al leproso agradecido?
Describe: ¿Cuáles fueron las diferentes emociones de los leprosos a lo largo de esta historia?

6. Activities:

✱ Cuestionario de la Biblia: Los diez leprosos
✱ Sopa de letras de la Biblia: Los diez leprosos
✱ Página para colorear: Los diez leprosos
✱ Hoja de trabajo: Los samaritanos
✱ Hoja de trabajo: Los diez leprosos
✱ Hoja de trabajo: ¿Qué es la lepra?

Los diez LEPROSOS

Lee Lucas 17:11-19 y Miqueas 5. Responde las siguientes preguntas.

(1) ¿A qué ciudad se dirigía Yeshua?

(2) ¿Dónde estaba Yeshua cuando vio a los hombres con lepra?

(3) ¿Qué le dijeron estos leprosos a Yeshua?

(4) ¿Cómo sanó Yeshua a estos leprosos?

(5) ¿Qué hizo el leproso agradecido después de ser sanado?

(6) ¿De qué nacionalidad era el leproso agradecido?

(7) ¿Qué pregunta le hizo Yeshua al leproso agradecido?

(8) ¿Qué le dijo Yeshua al leproso agradecido en Lucas 17:19?

(9) ¿Qué aprendiste acerca de los otros nueve leprosos?

(10) ¿De qué tribu de Israel era Yeshua?

Los diez LEPROSOS

Lee Lucas 17:11-19.
Encuentra y encierra en un círculo las siguientes palabras.

```
P S N Q I I P C T T J O L R M
I L A P R F K N V P F P I B F
J W A N Z E M K F S H M M F P
C E U L A F I I G A J E P Z V
T Z R W A D X K L M Y S I P S
Q T J U P B O X M A P N E Z A
F R H P S M A T P R G N Z V C
O B D F K A L R A I T R A J E
A Q D W Y G L V H T H O O P R
Q K X D L M O É Y A E K O U D
C H S M J E B R N N A M Z E O
P P M O G P M D Y O F E J B T
D I E Z L E P R O S O S E L E
T V O C E S G F G C C E A O S
I C M A E S T R O P O J W K C
```

DIEZ LEPROSOS

PUEBLO

ALABAR

SANADO

VOCES

MILAGRO

LIMPIEZA

SAMARITANO

JERUSALÉN

SACERDOTES

MAESTRO

FE

"Id, mostraos a los sacerdotes. y aconteció que mientras iban, fueron limpiados."

(Lucas 17:14)

Los samaritanos

La gente de la tierra que antes pertenecía a las tribus de Efraín y Manasés era conocida como los samaritanos. La antigua capital de esta región fue Samaria, ciudad que sirvió como capital del Reino del Norte de Israel durante los siglos IX y VIII a.C. Cuando las diez tribus del Reino del Norte fueron llevadas a Asiria por el rey asirio, este envió gente de otras naciones a vivir en esta región (2 Reyes 17:24; Esdras 4:2-11). Estos extranjeros se mezclaron con los israelitas que aún vivían en Samaria y sus alrededores, convirtiéndose en samaritanos. Los samaritanos inicialmente adoraban a los ídolos de sus propias naciones, pero cuando los leones los molestaron, creyeron que se debía a su falta de honrar al Dios de esa región. Un sacerdote israelita les fue enviado desde Asiria para enseñarles la religión hebrea. Los samaritanos siguieron las enseñanzas de Moisés, pero mantuvieron algunas de sus costumbres idólatras. Debido a que se casaron con extranjeros y adoptaron algunas de sus creencias idólatras, muchos judíos los despreciaron.

La hostilidad entre los israelitas y los samaritanos fue alimentada aún más por los siguientes eventos:
→ Los esfuerzos de reconstrucción del templo en Jerusalén por parte de Nehemías fueron resistidos por los samaritanos (Nehemías 6:1-14)
→ Los samaritanos construyeron su propio templo en el monte Gerizim y establecieron a Manasés como su sumo sacerdote para perpetuar su religión idólatra (Josué 20:6-7, 21:21)
→ Samaria se convirtió en un refugio seguro para forajidos y evasores de la justicia
→ Los samaritanos solo aceptaron los cinco libros de Moisés y rechazaron los escritos de los profetas y todas las tradiciones hebraicas

Lee el artículo. Responde las siguientes preguntas.

1. ¿Cómo llegaron los samaritanos a habitar la tierra de Israel?

2. ¿En qué creían los samaritanos?

3. ¿Qué eventos alimentaron aún más la hostilidad entre los israelitas y los samaritanos?

Los diez leprosos

Si este milagro fuera un libro, la portada se vería así.

Imagina que de repente te limpiaron de una enfermedad. ¿Cómo cambiaría tu vida?

....

....

....

....

....

....

....

....

Este milagro me enseña...

....

....

....

....

....

....

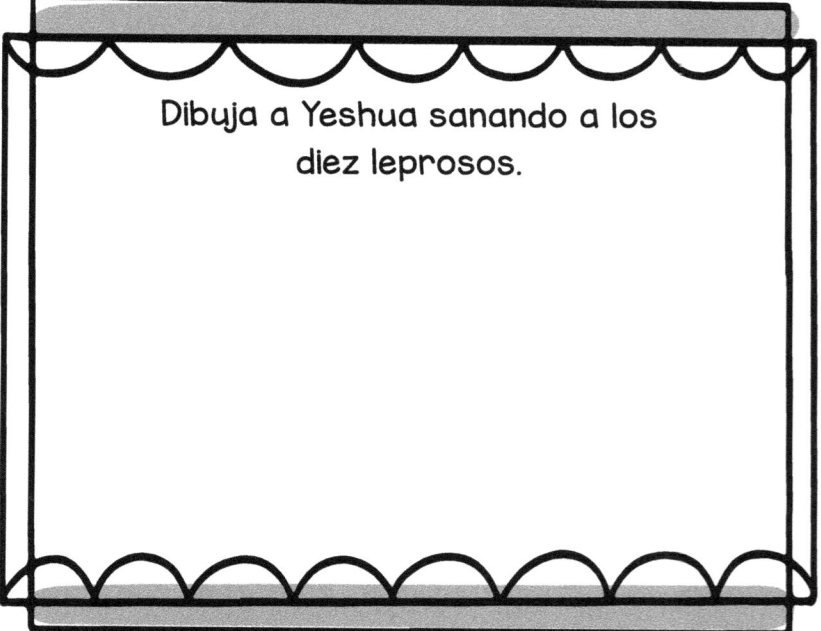

Dibuja a Yeshua sanando a los diez leprosos.

¿Qué es la lepra?

La lepra, también conocida como enfermedad de Hansen, es una enfermedad infecciosa que afecta la piel, los nervios, las membranas mucosas y el tracto respiratorio superior. En tiempos bíblicos, la lepra era una enfermedad temida; era altamente contagiosa y no se podía curar. Las personas con lepra fueron rechazadas por la sociedad y obligadas a vivir aisladas. No se les permitía entrar en contacto con nadie y se les exigía que vivieran fuera de los límites de la ciudad. Tenían que usar ropa especial y gritar "inmundos" cuando alguien se acercaba. Los leprosos eran vistos como parias y por lo general eran tratados con desprecio y repugnancia.

Muchos creían que la lepra era causada por el pecado y que la única forma de curarse era arrepentirse y volverse a Dios. Sin embargo, la lepra no siempre fue vista como un castigo de Dios. En algunos casos, fue vista como una prueba de fe.

Yeshua estaba complacido con la fe del leproso agradecido. ¿Por qué cosas sientes agradecimiento? Escribe una lista a continuación:

....

....

....

....

....

....

....

....

PLAN DE LA LECCIÓN

La resurrección de Lázaro: Juan 11:32-44

Objetivos de la lección:

Al final de esta lección, los niños podrán:
1. Explicar cómo Yeshua resucitó a Lázaro
2. Volver a contar la historia de la resurrección de Lázaro con sus propias palabras

1. Considere las siguientes preguntas:

a. Hagan una momia de Lázaro: pida a los alumnos que se envuelvan unos a otros en papel higiénico o en sábanas. ¿Qué tan rápido pueden hacer esto? ¿Qué tan rápido pueden desenredarse? ¿Cómo creen que se sintió Lázaro cuando salió de la tumba envuelto en lino?
b. ¿Qué sabes de la historia de Lázaro?

2. Repaso del vocabulario clave:

◎ YESHUA:
el nombre hebreo de Jesús

◎ TUMBA:
una cueva natural o espacio excavado en la roca donde los israelitas colocaban a los muertos

◎ MUERTO:
que ya no está vivo, la Biblia dice que nos hemos "dormido" (1 Tesalonicenses 4:13-15)

◎ TIRAS DE LINO:
en el antiguo Israel, los muertos se envolvían apretadamente en largas tiras de tela de lino

◎ HEDOR:
un mal olor

3. Lee Juan 11:32-44 en la Biblia o lee la siguiente historia:

Marta y María de Betania estaban preocupadas. Su hermano Lázaro estaba enfermo, así que enviaron un mensaje a Yeshua para avisarle. Yeshua sabía que esta enfermedad no conduciría a la muerte, por lo que no regresó inmediatamente a Betania. Después de dos días, les dijo a Sus discípulos: "Volvamos a Judea". Los discípulos se sorprendieron. "¿Por qué quieres volver al lugar donde los judíos te quieren apedrear?". Pero Yeshua no estaba preocupado. "El que anda de día, no tropieza. Lázaro se ha quedado dormido pero voy a despertarlo. Por vosotros me alegro de no estar allí, para que creáis en Mí. ¡Vamos!". Cuando llegaron al pueblo, encontraron que Lázaro había estado en una tumba durante cuatro días. Marta salió corriendo al encuentro de Yeshua, diciendo: "Maestro, si hubieras estado aquí, mi hermano no habría muerto". Pero Yeshua dijo: "Tu hermano resucitará". Marta sabía en su corazón que lo que Yeshua decía era verdad: Él era la resurrección y la vida. Se apresuró a regresar a la casa para buscar a su hermana, María. Abrumada por el dolor por su hermano, María cayó a los pies de Yeshua. Yeshua estaba conmovido en espíritu y turbado por sus lágrimas. "¿Dónde lo has puesto?", Él preguntó. Y lloró. Los amigos de la hermana señalaron el camino a la cueva. Cuando llegó Yeshua, les dijo que quitaran la piedra. Lázaro murió hace cuatro días. Habrá un hedor", dijo Martha. Pero Yeshua dijo: "Si crees, verás la gloria de Dios". Alzó los ojos y dio gracias a Dios por haberlo escuchado. Entonces gritó a gran voz: "¡Lázaro, ven fuera!". Lázaro salió con las manos y los pies atados con tiras de lino y el rostro envuelto en un paño. Yeshua les dijo: "Desatadle y dejadle ir".

Oración de cierre:

⊚ Termine la lección con una oración.

4. Repaso de la historia de la Biblia:

1. ¿Quién fue Lázaro?
2. ¿Por qué crees que Yeshua esperó tanto para ir a la tumba de Lázaro?
3. ¿Qué sucede cuando morimos?
4. ¿Por qué crees que Yeshua lloró?
5. ¿Qué dijo Marta sobre la resurrección?

5. Preguntas de discusión para fomentar el pensamiento crítico:

Contrasta: ¿Cómo se comparan las expectativas de María y Marta con las expectativas de Yeshua con respecto a la situación de Lázaro?
Analiza: ¿Por qué Yeshua esperó unos días antes de regresar a Judea?
Explica: ¿Cómo crees que este milagro afectó la relación de Yeshua con los líderes religiosos?
Describe: ¿Cómo crees que reaccionaron las personas cuando vieron a Lázaro salir de la tumba?

6. Actividades:

✱ Cuestionario de la Biblia: La resurrección de Lázaro
✱ Sopa de letras de la Biblia: La resurrección de Lázaro
✱ Página para colorear: La resurrección de Lázaro
✱ Hoja de trabajo: Tumbas excavadas en roca en Israel
✱ Hoja de trabajo: La resurrección de Lázaro
✱ Hoja de trabajo: Betania

La resurrección DE LÁZARO

Lee Juan 11:1-46. Responde las siguientes preguntas.

1. ¿Quiénes eran las dos hermanas de Lázaro?

2. ¿Por qué los discípulos no querían ir a Judea?

3. ¿Qué dijo Yeshua que le había pasado a Lázaro?

4. Cuando Yeshua llegó a Betania, ¿cuánto tiempo había estado muerto (dormido) Lázaro?

5. ¿Qué le dijo Marta a Yeshua cuando lo vio?

6. ¿Cómo respondió Yeshua en Juan 11:23?

7. ¿Qué dijeron algunos judíos cuando vieron a Yeshua llorando?

8. ¿En qué tipo de tumba se colocó dentro el cuerpo de Lázaro?

9. ¿Qué le dijo Yeshua a Lázaro cuando lo resucitó de entre los muertos?

10. ¿Cómo reaccionaron los judíos ante este milagro?

La resurrección DE LÁZARO

Lee Juan 11:1-46.
Encuentra y encierra en un círculo las siguientes palabras.

```
T I R A S D E L I N O X H P L
D Z X O F Y K G P W X I I U Á
L D D I S C Í P U L O S J E Z
R N J D Q E W Q T G H X O R A
B E T A N I A L U U K T D T R
V U H M S Z R Q T T T A E A O
R E S U R R E C C I Ó N D D F
S R C N W F N O D W F D I E I
I Y S M A R Í A O T D E O P E
G Z T Q P Y S R R X G Z S I D
P A D R E P U U M T G F R E S
K F E J V E D U I H G L U D J
F S X D W Q W D D T E J A R Z
O Q G E G U A Q O F J W D A O
N V C U E V A K Y M A R T A Q
```

PUERTA DE PIEDRA

HIJO DE DIOS

DORMIDO

RESURRECCIÓN

BETANIA

TIRAS DE LINO

LÁZARO

PADRE

MARÍA

CUEVA

MARTA

DISCÍPULOS

"¡Lázaro, ven fuera!"

(Juan 11:43)

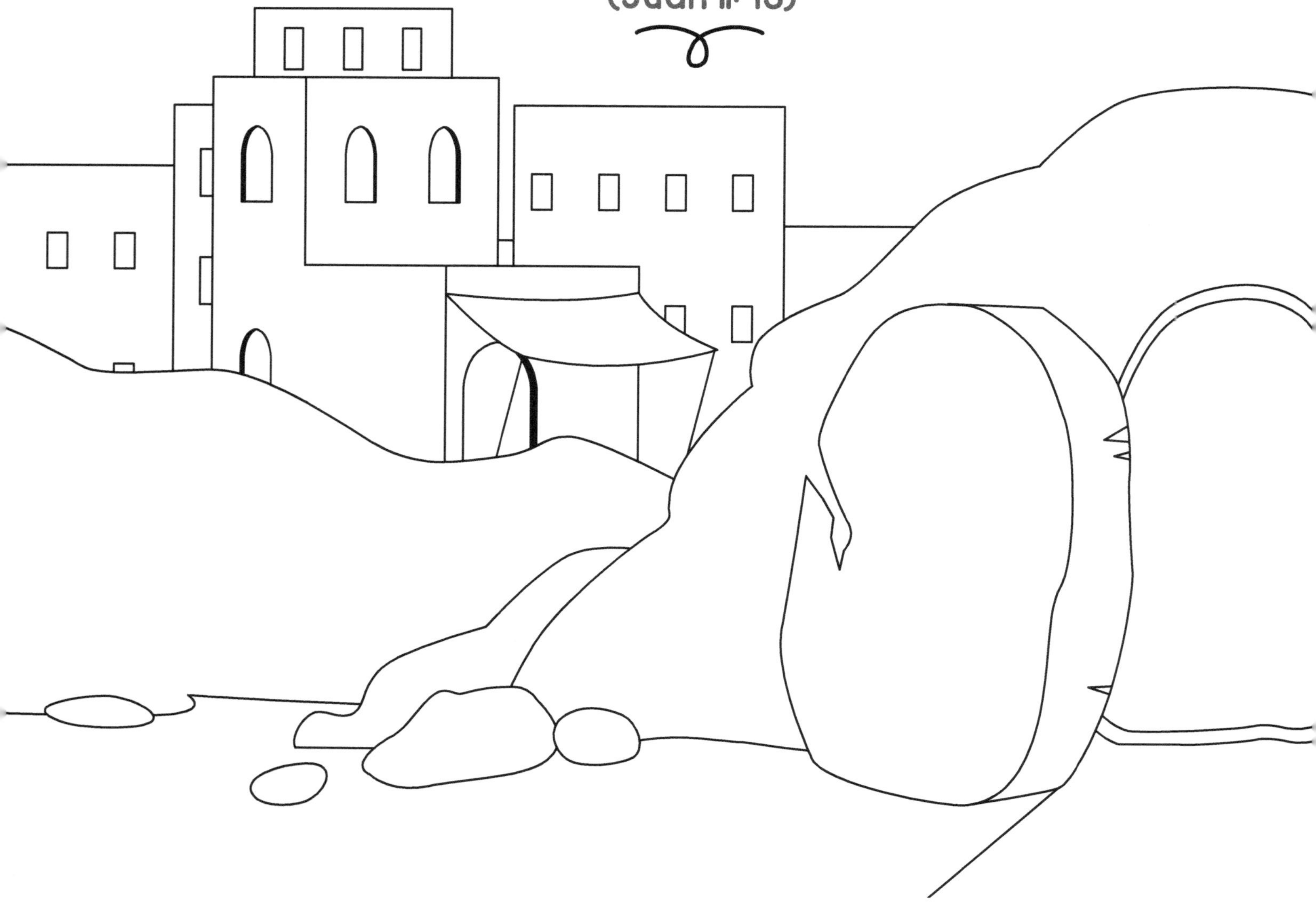

Dibuja a Lázaro para completar la imagen.

Tumbas excavadas en roca en Israel

En la época de Yeshua, se construyeron muchas tumbas excavadas en roca fuera de los muros de Jerusalén. Las tumbas se ubicaron a una distancia de hasta 4 millas (7 km) de las murallas de la ciudad, y las tumbas más prestigiosas se ubicaron más cerca de la ciudad. Las formas de estas tumbas iban desde cámaras rectangulares hasta elegantes estructuras de múltiples cámaras. Las entradas solían estar selladas con una gran losa de piedra, en la que estaba inscrito el nombre de la persona fallecida. Las tumbas más elaboradas estaban ubicadas en el Valle de Cedrón, frente al Monte del Templo. Estas tumbas incluían la tumba de Benei Hezir, el monumento de la Tumba de Zacarías (que en realidad no era una tumba), la Tumba de Absalón y la Cueva de Josafat. La Tumba de Jasón era una gran tumba familiar con muchas cámaras e inscripciones en hebreo y griego.

Las Tumbas del Sanedrín estaban ubicadas al norte de Jerusalén. Se les conocía con este nombre porque la tumba más grande tenía 70 cámaras con bancas funerarias, correspondientes a los 70 miembros del Sanedrín. En realidad, cada tumba habría contenido los cuerpos de una sola familia acomodada multigeneracional. Estas tumbas fueron creadas entre la época del rey Herodes y el año 70 d.C., cuando el templo fue destruido por los romanos.

Lee el artículo. Responde las siguientes preguntas.

1. ¿Cuáles fueron las tumbas más elaboradas ubicadas cerca de Jerusalén?

....

....

2. ¿Cómo se sellaban las tumbas excavadas en la roca?

....

....

3. ¿Cuál era el propósito de las Tumbas del Sanedrín?

....

La resurrección de Lázaro

Si este milagro fuera una película, el cartel se vería así...

Imagina que estabas en la multitud cuando Lázaro salió de su tumba. ¿Qué le dirías a Yeshua?

Este milagro me enseña...

Haz un dibujo de Lázaro saliendo de su tumba.

Betania

Betania es conocida como la ciudad natal de María, Marta y Lázaro, quienes eran unos queridos amigos de Yeshua. Fue en este lugar donde Yeshua le devolvió la vida a Lázaro (Juan 11), visitó a Simón el leproso (Marcos 14) y María le ungió los pies con perfume (Mateo 26). Betania también se menciona en relación con la entrada triunfal de Yeshua en Jerusalén (Marcos 11 y Lucas 19) y con respecto a la higuera (Marcos 11). Algunos traducen el nombre de Betania como "casa de los higos" debido a la gran cantidad de higueras y palmeras de la zona. Otros lo interpretan como "casa de miseria", sugiriendo que era un lugar designado para enfermos y leprosos. Betania es significativa en la Biblia como el lugar cerca de donde Yeshua ascendió al cielo. Yeshua reunió a Sus discípulos en las cercanías de Betania (Lucas 24) para darles las instrucciones finales antes de Su ascensión al cielo.

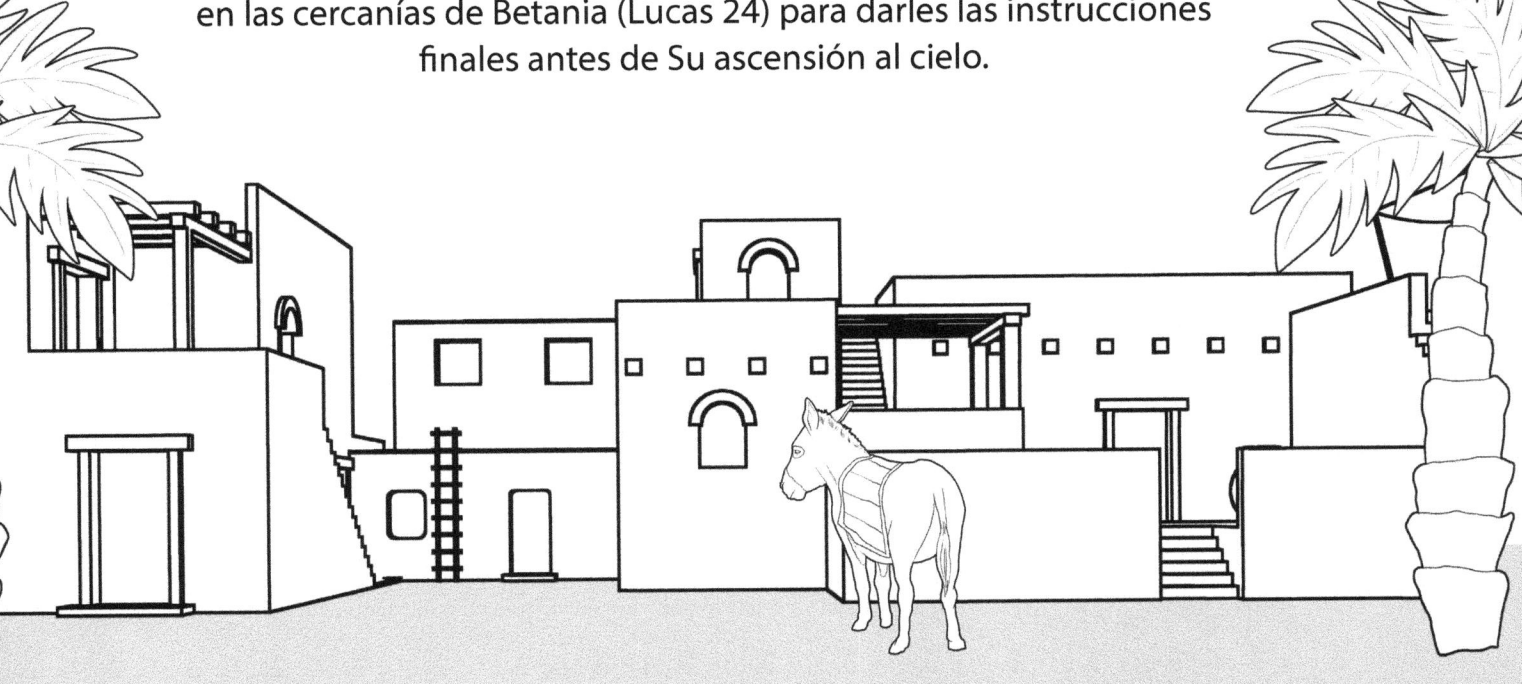

1. Lee Hechos 1. ¿Qué les dijeron los dos ángeles a los discípulos cuando Yeshua subió al cielo?

....

....

....

PLAN DE LA LECCIÓN

Curación del paralítico: Marcos 2:1-12 y Lucas 5:17-26

Objetivos de la lección:

Al final de esta lección, los niños podrán:
1. Explicar cómo Yeshua sanó al hombre paralítico
2. Volver a contar la historia de la curación del paralítico con sus propias palabras

1. Considere las siguientes preguntas:

a. ¿Por qué los amigos son importantes para nosotros? ¿Qué características valoras más en un amigo?
b. ¿Por qué es importante para ti tener una fe fuerte en Dios?

2. Repaso del vocabulario clave:

◉ YESHUA:
el nombre hebreo de Jesús

◉ PARALÍTICO:
incapaz de moverse o caminar

◉ CAPERNAUM:
un pueblo de pescadores en la orilla norte del mar de Galilea

◉ ESCRIBA:
un maestro de la ley religiosa (maestro de la Torá)

◉ BLASFEMIA:
algo que dices o haces que demuestra que no respetas a Dios o a una religión

◉ PECADO:
transgresión de la Torá (1 Juan 3:4)

3. Lee Marcos 2:1-12 en la Biblia o lee la siguiente historia:

Cuando Yeshua regresó a Capernaum en Galilea, se corrió la voz de que estaba en casa. Se reunió una multitud para escucharlo enseñar y ya no había lugar, ni siquiera en la puerta. Cuando Yeshua comenzó a enseñar, llegaron cuatro amigos con un paralítico. A causa de la multitud, no podían acercarse a Él. Entonces, subieron al techo y lo bajaron con su cama a través de las tejas delante de Yeshua. Cuando Yeshua vio la fe de ellos, le dijo al paralítico: "Tus pecados te son perdonados". Algunos de los escribas y fariseos que estaban allí se preguntaban en sus corazones: "¿Por qué este hombre habla así? ¡Esto es una blasfemia! ¿Quién puede perdonar los pecados sino solo Dios?". Yeshua sabía lo que estaban pensando. "¿Por qué cuestionan estas cosas en sus corazones?", Él les dijo. "¿Qué es más fácil, decir al paralítico: 'Tus pecados te son perdonados', o decirle: 'Levántate, toma tu camilla y anda'? Sino para que sepáis que el Hijo del Hombre tiene autoridad en la tierra para perdonar los pecados". Dirigiéndose al hombre paralítico, le dijo: "Levántate, toma tu cama y vete a tu casa". El paralítico se levantó, recogió su cama y se fue a su casa. Todos estaban asombrados y glorificaban a Dios, diciendo: "¡Nunca hemos visto algo así!".

Oración de cierre:

◉ Termine la lección con una oración.

4. Repaso de la historia de la Biblia:

1. ¿Dónde estaba Capernaum?
2. ¿Por qué los hombres llevaron a su amigo paralítico al techo?
3. ¿Qué hizo Yeshua por el paralítico?
4. ¿Cómo reaccionaron los escribas y fariseos a las palabras de Yeshua?
5. ¿Qué pasó con el paralítico?

5. Preguntas de discusión para fomentar el pensamiento crítico:

Contrasta: ¿Cómo se compara el comportamiento de los amigos con el de los escribas y fariseos?
Analiza: ¿Por qué Yeshua sanó al paralítico?
Explica: ¿Cómo demuestra fe la perseverancia?
Describe: Describe las cualidades de los cuatro amigos (ej., fe, perseverancia, audacia, determinación)

6. Actividades:

* Cuestionario de la Biblia: Curación del paralítico
* Sopa de letras de la Biblia: Curación del paralítico
* Página para colorear: Curación del paralítico
* Hoja de trabajo: Capernaum
* Hoja de trabajo: Curación del paralítico
* Hoja de trabajo: Un hogar israelita

www.biblepathwayadventures.com
Libro de actividades de los milagros de la Biblia
105

Curación del PARALÍTICO

Lee Marcos 2:1-12. Responde las siguientes preguntas.

1. ¿En qué pueblo enseñó Yeshua a la gente?

2. ¿Qué pasó cuando la gente escuchó que Yeshua estaba en casa?

3. Cuando los hombres trajeron a su amigo paralítico, ¿qué estaba haciendo Yeshua?

4. ¿Cuántos hombres llevaron al paralítico a Yeshua?

5. ¿Por qué estos hombres no pudieron acercarse a Yeshua?

6. ¿Cómo se acercaron los hombres a Yeshua?

7. ¿Qué dijo Yeshua cuando vio la fe de los hombres?

8. ¿Por qué crees que Yeshua sanó al paralítico?

9. ¿Qué le dijo Yeshua al paralítico?

10. ¿Cómo reaccionó la gente ante este milagro?

Curación del
PARALÍTICO

Lee Marcos 2:1-12.
Encuentra y encierra en un círculo las siguientes palabras.

S	E	C	Q	P	P	V	O	G	M	P	L	E	P	G
F	A	H	U	J	Z	E	N	I	C	A	R	S	I	A
X	A	X	I	B	C	R	G	I	A	R	J	C	S	L
E	B	R	T	W	N	M	K	Y	P	A	X	R	R	I
D	N	C	I	I	I	H	T	M	E	L	V	I	A	L
X	I	A	A	S	F	E	U	O	R	Í	A	B	E	E
E	W	T	G	M	E	Y	Y	D	N	T	U	A	L	A
Y	O	D	E	Q	I	O	H	L	A	I	T	S	I	Q
D	E	A	V	C	X	N	S	H	U	C	O	W	T	F
N	P	F	B	S	H	R	A	Q	M	O	R	R	A	Y
W	W	E	V	T	L	O	W	R	Y	T	I	A	S	A
R	A	H	F	R	K	D	P	V	P	Y	D	V	G	Z
Q	B	L	J	S	F	E	E	H	G	I	A	Z	G	U
J	L	P	E	C	A	D	O	S	S	J	D	Y	H	E
H	I	J	O	D	E	L	H	O	M	B	R	E	F	I

PECADOS

ESCRIBAS

AUTORIDAD

PARALÍTICO

ISRAELITAS

CAMINAR

CAPERNAUM

GALILEA

FARISEOS

HIJO DEL HOMBRE

TECHO

FE

www.biblepathwayadventures.com
Libro de actividades de los milagros de la Biblia
107

Al ver él LA FE DE ELLOS, LE DIJO: "Hombre, TUS pecados te son PERDONADOS".

Lucas 5:20

Capernaum

Ubicada en la orilla norte del Mar de Galilea, en lo que ahora es el Israel moderno, la antigua ciudad de Capernaum (o Cafarnaúm) fue un importante centro de comercio y actividad religiosa en la época de Yeshua. Él escogió este pueblo para ser el centro de Su ministerio y fue el sitio de muchas de Sus enseñanzas y milagros. Galileos, otros israelitas, griegos, sirios y romanos vivían en Capernaum y se cree que es la ciudad natal de los discípulos Simón Pedro, Andrés, Santiago, Juan y Mateo. El pueblo en sí era pequeño y pobre, pero tenía un ambiente vibrante. Estaba lleno de actividad, con pescadores que iban y venían y comerciantes que vendían sus productos en el mercado. Desde el siglo XIX, la ciudad ha sido el foco de numerosos descubrimientos arqueológicos. Las ruinas de la antigua Capernaum fueron descubiertas por primera vez en 1838 por el explorador estadounidense Edward Robinson. Encontró ruinas de casas de una sola planta con piso empedrado, ventanas abiertas y techos de vigas de madera, paja y barro. En 1866, el capitán británico Charles William Wilson descubrió los restos de la sinagoga. Había sido construida con grandes bloques de piedra caliza blanca y tenía una sala de oración central, rodeada de salas más pequeñas.

1. ¿Quién vivía en Capernaum en el tiempo de Yeshua?

   ....

2. ¿Qué tipo de materiales se usaron para construir casas en Capernaum?

   ....

   ....

   ....

   ....

   ....

Curación del paralítico

Si de repente pudieras caminar, ¿cómo cambiaría tu vida?

....
....
....
....
....
....
....
....

Imagina que estabas en la casa cuando el hombre fue sanado. ¿Qué les dirías a tus amigos?

....
....
....
....
....
....

Elige algunas palabras para describir este milagro.

....
....
....
....
....

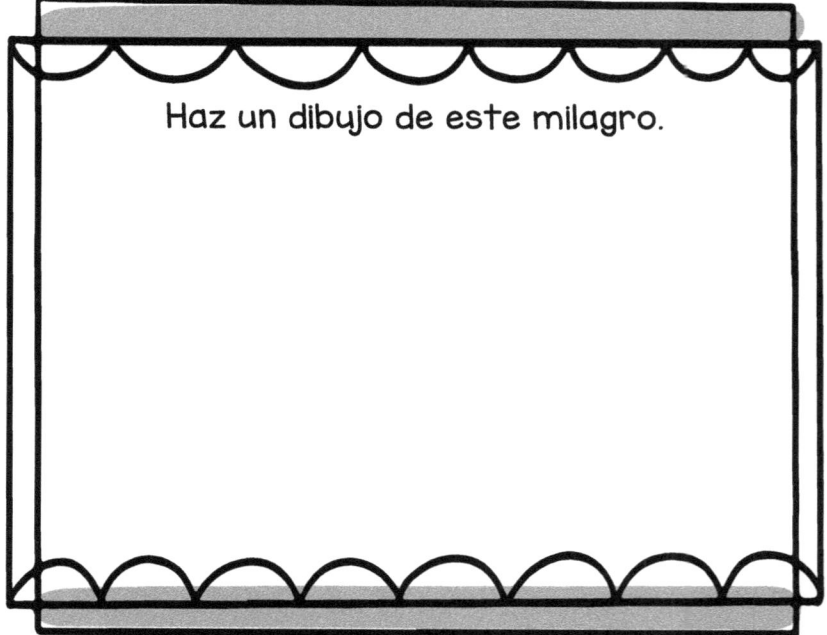

Haz un dibujo de este milagro.

Una casa israelita

En la época de Yeshua, muchos hogares israelitas eran pequeños y sencillos. Se construían con ladrillos de barro o piedra y los techos se hacían con ramas o paja cubierta con arcilla. Durante la noche, los animales domésticos se guardaban en el área del establo para mantenerlos a salvo de animales y ladrones. Este tipo de construcción encajaba con la historia de la curación del paralítico en Marcos 2:1-12, ya que el techo se podía quitar fácilmente para bajar al hombre a la casa. ¿En qué se diferencia tu casa de una típica casa israelita? Colorea la imagen.

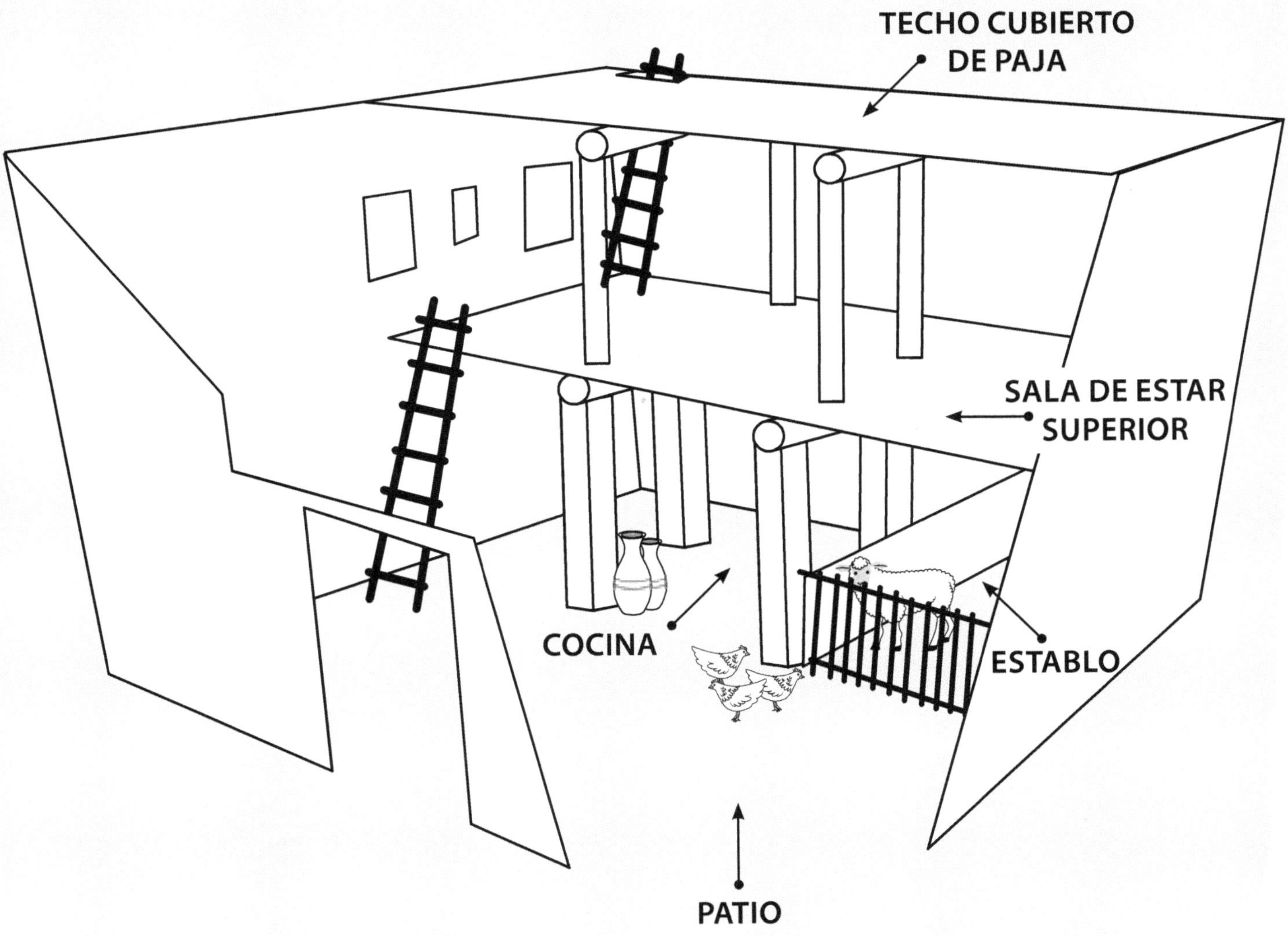

TECHO CUBIERTO DE PAJA

SALA DE ESTAR SUPERIOR

COCINA

ESTABLO

PATIO

PLAN DE LA LECCIÓN

Pedro escapa de la cárcel: Hechos 12:1-19

Objetivos de la lección:

Al final de esta lección, los niños podrán:
1. Explicar cómo Pedro escapó de la cárcel
2. Volver a contar la historia de cómo Pedro escapa de la cárcel con sus propias palabras

1. Considere las siguientes preguntas:

a. Muestre a los estudiantes imágenes de algunas situaciones peligrosas y difíciles. ¿Qué parte de estas situaciones requieren de fe? ¿Pueden las personas salir solas de estas situaciones? ¿Por qué es importante tener una fe fuerte?
b. ¿Qué sabes acerca de la Fiesta de los Panes sin Levadura?

2. Repaso del vocabulario clave:

◉ HERODES AGRIPA:
rey de Judea, nieto de Herodes el Grande

◉ FIESTA DE LOS PAN SIN LEVADURA:
uno de los Tiempos Anuales Designados de Dios (Fiestas),
una fiesta de 7 días

◉ PEDRO:
un apóstol

◉ ÁNGEL:
un mensajero de Dios

◉ VISIÓN:
algo visto en un sueño o en la mente, algo visto

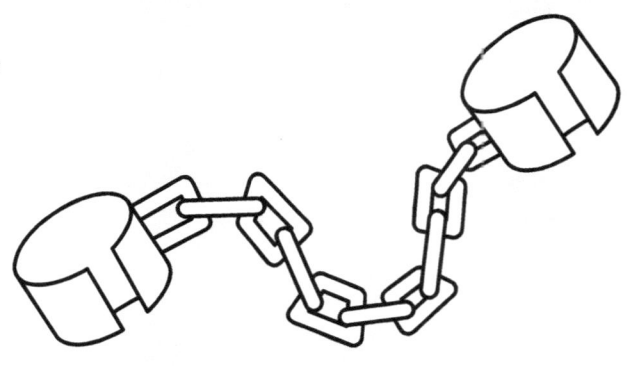

3. Lee Hechos 12:1-19 en la Biblia o lee la siguiente historia:

Durante los siete días de la Fiesta de los Panes sin Levadura, el rey Herodes Agripa puso manos violentas sobre algunos miembros de la iglesia, matando a Santiago, el hermano de Juan. Cuando vio que perseguir a los seguidores del Mesías agradaba al pueblo, echó a Pedro en la cárcel, con la intención de sacarlo al pueblo después de la fiesta. A pesar de esto, la iglesia oró fervientemente por la liberación de Pedro. De repente, un ángel de Dios se le apareció a Pedro en su celda y lo golpeó en el costado, haciendo que las cadenas se le cayeran de las manos. "¡Apúrate! ¡Levántate, vístete y ponte las sandalias, y sígueme!", dijo el ángel. Y Pedro así lo hizo. Al pasar junto a los dos guardias, la puerta de hierro de la ciudad se abrió y salieron. Inmediatamente el ángel lo dejó. Cuando Pedro volvió en sí, se dio cuenta de que Dios había enviado a Su ángel para rescatarlo del rey Herodes y del pueblo. Corrió a la casa de María, la madre de Juan Marcos, donde muchos creyentes se habían reunido para orar. Cuando Pedro llamó en la puerta, una sirvienta abrió y reconoció su voz: "¡Pedro está aquí! ¡Está en la puerta!", anunció a todos los que estaban adentro. Pero no le creyeron. Finalmente, abrieron la puerta y se sorprendieron al encontrar a Pedro parado allí. Él les hizo señas para que se callaran y describió lo que había sucedido. "Díganle estas cosas a Santiago y a los hermanos", dijo. Luego salió y se fue a otro lugar.

Oración de cierre:

◉ Termine la lección con una oración.

4. Repaso de la historia de la Biblia:

1. ¿Por qué estaba Pedro en prisión?
2. ¿Quién fue el rey Herodes Agripa?
3. ¿Qué era la iglesia?
4. ¿Cómo escapó Pedro de la prisión?
5. ¿Por qué se sorprendieron los creyentes cuando Pedro llegó a la casa de María?

5. Preguntas de discusión para fomentar el pensamiento crítico:

Contrasta: ¿Cómo se comparó el comportamiento del rey Herodes con el de los creyentes?
Analiza: ¿Qué papel jugaron la fe y la oración en la fuga de Pedro de la prisión?
Explica: ¿Por qué Herodes decidió retrasar la presentación de Pedro al pueblo hasta después de la Fiesta de los Panes sin Levadura?
Describe: Describe los eventos que llevaron a la fuga de Pedro de la cárcel

6. Actividades:

✳ Cuestionario de la Biblia: Pedro escapa de la cárcel
✳ Sopa de letras de la Biblia: Pedro escapa de la cárcel
✳ Página para colorear: Pedro escapa de la cárcel
✳ Hoja de trabajo: Fiesta de los Panes sin Levadura
✳ Hoja de trabajo: Pedro escapa de la cárcel
✳ Hoja de trabajo: ¿Quién fue Pedro?

Pedro escapa de la CÁRCEL

Lee Hechos 12:1-19. Responde las siguientes preguntas.

1. ¿Quién era el rey de Judea en este momento?

2. ¿A qué discípulo había matado recientemente el rey?

3. ¿Pedro fue encarcelado durante qué Tiempo Designado (Fiesta)?

4. ¿Cuántos escuadrones de soldados custodiaban a Pedro?

5. ¿Cómo fue atado Pedro en prisión?

6. ¿Quién oró por Pedro mientras estaba en prisión?

7. ¿Cómo despertó el ángel a Pedro?

8. ¿Qué le dijo el ángel a Pedro?

9. Mientras Pedro caminaba por la ciudad, ¿qué se abrió sin ninguna ayuda?

10. Después de su fuga de la prisión, ¿a dónde fue Pedro primero?

Pedro escapa de la CÁRCEL

Lee Hechos 12:1-19.
Encuentra y encierra en un círculo las siguientes palabras.

Y	P	U	Q	C	U	I	J	T	Á	B	D	E	A	W
Q	X	A	Q	U	B	K	K	E	N	N	Z	Z	P	P
G	T	V	S	O	L	U	P	Y	G	C	I	A	Ó	P
L	C	Á	R	C	E	L	Z	N	E	J	N	F	S	F
U	F	T	Z	Y	U	P	Y	T	L	N	V	Q	T	K
B	C	J	C	K	H	A	X	M	D	Q	W	K	O	S
C	B	A	R	V	S	E	I	K	E	M	J	Y	L	O
A	P	N	P	W	J	Z	I	M	D	E	M	O	P	L
D	O	H	M	A	F	U	G	N	I	B	A	C	P	D
E	Y	W	T	T	M	H	S	E	O	Z	R	I	E	A
N	F	D	B	Q	O	W	O	C	S	E	Í	N	D	D
A	R	E	Y	H	E	R	O	D	E	S	A	A	R	O
S	H	G	P	U	C	C	Q	G	H	T	O	M	O	S
P	U	E	R	T	A	D	E	H	I	E	R	R	O	J
H	J	F	J	E	R	U	S	A	L	É	N	Q	T	X

APÓSTOL

PUERTA DE HIERRO

PEDRO

CAPA

PASCUA

SOLDADOS

REY HERODES

ÁNGEL DE DIOS

CÁRCEL

CADENAS

JERUSALÉN

MARÍA

www.biblepathwayadventures.com
Libro de actividades de los milagros de la Biblia
115

"...Dios ha enviado su ángel, y me ha librado de la mano de Herodes."

(Hechos 12:11)

Fiesta de los Panes sin Levadura

En la época de Pedro y los apóstoles, israelitas de cerca y de lejos viajaban a Jerusalén para honrar la Pascua y la Fiesta de los Panes sin Levadura. Esta era una de las fiestas bíblicas más importantes (Levítico 23) y se celebraba anualmente para conmemorar el éxodo de los israelitas de Egipto. La población de Jerusalén por lo general promediaba unas 25.000 personas. Pero cada año en esta época, la población aumentaba porque la ciudad se llenaba de peregrinos. Fue durante estas grandes reuniones cuando los brotes de violencia y las rebeliones antirromanas alcanzaron su punto máximo. Los romanos, sabiendo esto, colocaron guarniciones adicionales dentro y fuera de las murallas de la ciudad. Entonces, ¿por qué el rey Herodes quiso esperar hasta después de esta fiesta para presentar a Pedro ante la gente?

Algunas razones pueden ser:

1. Evitar posibles conflictos con la observancia de los israelitas de la Fiesta de los Panes sin Levadura.
2. Mantener el control de la situación y prevenir cualquier disturbio público.
3. Mantener la estabilidad en la tierra de Judea.
4. Evitar una reacción negativa del público. Probablemente estaba al tanto de la creciente popularidad de la Fe y puede haber temido que el juicio público de Pedro causara una protesta en apoyo del apóstol.

Investiga sobre la Fiesta de los Panes sin Levadura en el siglo I en Jerusalén. ¿Cómo los israelitas honraban esta fiesta bíblica?

....

....

....

....

....

....

Pedro escapa de la cárcel

Imagina que eres el rey Herodes. ¿Cómo reaccionas cuando te enteras de la fuga de Pedro?

....
....
....
....
....
....
....
....

Crea una receta de pan sin levadura. ¡Usa tu imaginación!

....
....
....
....
....
....
....

Mi familia honra la Fiesta de los Panes sin Levadura al...

....
....
....
....
....
....

Haz un dibujo de Pedro en la cárcel.

¿Quién fue Pedro?

Lee los libros de Mateo, Marcos, Lucas, Juan y Hechos 5, 10-12.
Completa la siguiente hoja de trabajo.

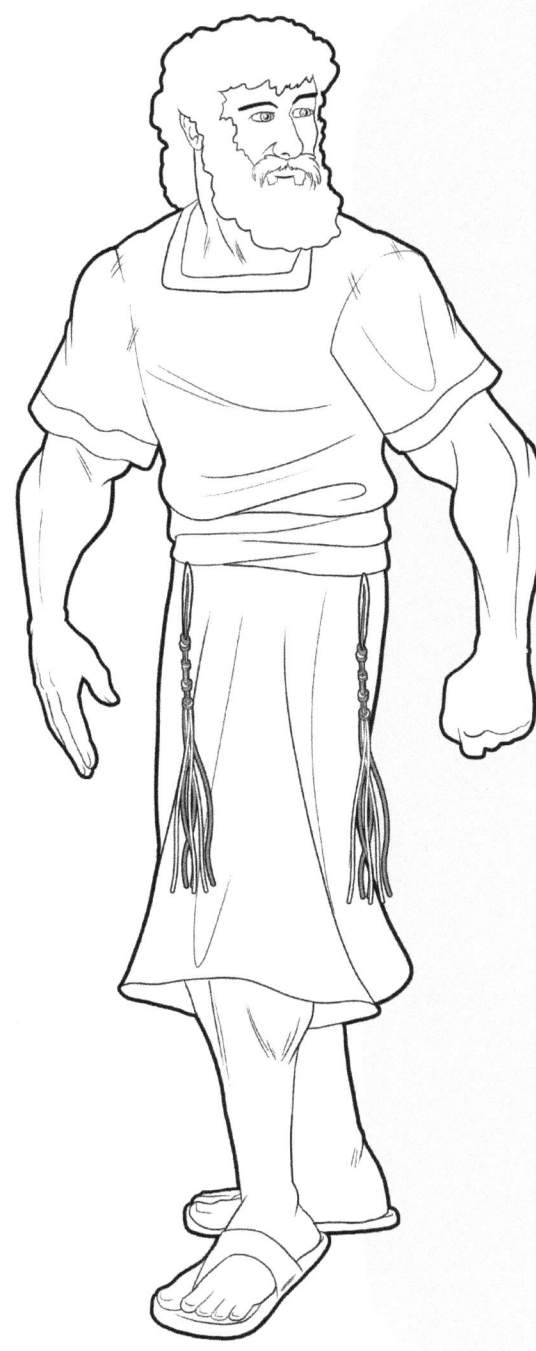

Pedro era un .... del pueblo de
....

Pedro fue uno de los 12 .... Su hermano
era ....

¿Cuáles tres capítulos de la Biblia mencionan que
Pedro negó al Mesías?

1. ....

2. ....

3. ....

Pedro es más famoso por:

1. ....

2. ....

3. ....

Cinco palabras que describen a Pedro:

1. ....

2. ....

3. ....

4. ....

5. ....

www.biblepathwayadventures.com
Libro de actividades de los milagros de la Biblia
119

PLAN DE LA LECCIÓN

Pablo y Silas en la cárcel: Hechos 16:16-40

Objetivos de la lección:

Al final de esta lección, los niños podrán:
1. Explicar cómo Pablo y Silas fueron liberados de la cárcel
2. Volver a contar la historia de Pablo y Silas en la cárcel con sus propias palabras

1. Considere las siguientes preguntas:

a. ¿Alguna vez te han acusado de algo que no hiciste? ¿Alguna vez te han castigado por algo que no hiciste? Si es así, ¿cómo reaccionaste?
b. Muestre a los alumnos un mapa de los viajes de Pablo: ¿Qué sabes sobre los viajes de Pablo por Asia Menor?

2. Repaso del vocabulario clave:

⊚ FILIPOS:
importante ciudad griega en tiempos bíblicos, ubicada en Asia Menor

⊚ PABLO:
un famoso apóstol que difundió las enseñanzas del Mesías

⊚ SILAS:
un líder en la iglesia primitiva, amigo de Pablo

⊚ ROMANOS:
gobernantes del Imperio romano, personas que llegaron a gobernar partes de Europa, el Cercano Oriente y el norte de África

⊚ MAGISTRADO:
una persona que actúa como juez en los tribunales de justicia

3. Lee Hechos 16:16-40 en la Biblia o lee la siguiente historia:

Cuando Pablo y Silas llegaron a la ciudad de Filipos, una esclava con un espíritu de adivinación comenzó a seguirlos, gritando: "¡Estos son siervos de Dios!". Después de muchos días, Pablo se molestó tanto que le dijo al espíritu: "Te mando en el nombre del Mesías que salgas de ella". Y el espíritu así lo hizo. Cuando los dueños de la esclava vieron que ya no podían ganar dinero con su adivinación, agarraron a los dos hombres y los arrastraron al mercado. "Estos hombres judíos están perturbando nuestra ciudad", gritaron. "Abogan por costumbres que no nos es lícito aceptar o practicar a los romanos". Los magistrados de la ciudad rasgaron la ropa de Pablo y Silas y ordenaron que los golpearan con varas. Después los metieron en la cárcel y les ataron los pies con cepos. Mientras Pablo y Silas oraban y cantaban, hubo un gran terremoto y las puertas de la prisión se abrieron de golpe. Cuando el carcelero despertó, pensó que los hombres habían escapado, así que sacó su espada para suicidarse. Pero Pablo le dijo: "No te hagas daño. Estamos aquí". Cayendo delante de ellos, el carcelero preguntó: "¿Qué debo hacer para ser salvo?". Pablo respondió: "Cree en Yeshua, y tú y tu casa serán salvos". Después de compartir la palabra de Dios con él, el carcelero les lavó las heridas y fue bautizado. Llevó a Pablo y a Silas a su casa y los alimentó. Al día siguiente, los magistrados enviaron a la policía para liberarlos. Pero Pablo se negó, diciendo: "Nos han golpeado públicamente y nos han metido en la cárcel. ¡Somos ciudadanos romanos inocentes! ¿Ahora quieren echarnos en secreto? ¡No! Que vengan y nos saquen". Cuando los magistrados oyeron que Pablo y Silas eran ciudadanos romanos, tuvieron miedo y fueron a disculparse. Los sacaron y les pidieron que se fueran de la ciudad.

Oración de cierre:

⊙ Termine la lección con una oración.

4. Repaso de la historia de la Biblia:

1. ¿Por qué Pablo y Silas fueron encarcelados?
2. ¿Qué sucedió mientras oraban y cantaban?
3. ¿Qué es un terremoto?
4. ¿Qué le dijeron al carcelero?
5. ¿Por qué los magistrados querían sacarlos de la cárcel?

5. Discussion questions to encourage critical thought:

Contrasta: Compara el comportamiento de los magistrados antes y después de que Pablo y Silas fueran encarcelados.
Analiza: ¿Por qué el espíritu de adivinación dejó a la esclava?
Explica: ¿Cómo el encarcelamiento de Pablo y Silas afectó su fe?
Describe: Describe los eventos que llevaron al encarcelamiento de Pablo y Silas.

6. Actividades:

✳ Cuestionario de la Biblia: Pablo y Silas en la cárcel
✳ Sopa de letras de la Biblia: Pablo y Silas en la cárcel
✳ Página para colorear: Pablo y Silas en la cárcel
✳ Hoja de trabajo: Ciudadanía romana
✳ Hoja de trabajo: ¡Terremoto!
✳ Hoja de trabajo: Ciudad de Filipos

Pablo y Silas en LA CÁRCEL

Lee Hechos 16:1-40. Responde las siguientes preguntas.

1. ¿En qué ciudad fueron encarcelados Pablo y Silas?

2. ¿A qué equipo estaban sujetos sus pies?

3. ¿Qué hicieron Pablo y Silas mientras estaban en prisión?

4. ¿Qué evento abrió las puertas de la prisión?

5. ¿Por qué el carcelero quería suicidarse?

6. ¿Por qué el carcelero llevó a Pablo y Silas a su casa?

7. ¿Por qué se regocijaron el carcelero y su casa?

8. ¿Por qué los magistrados tenían miedo de Pablo?

9. ¿Qué hicieron los magistrados a continuación?

10. ¿A quién visitaron Pablo y Silas antes de salir de la ciudad?

Pablo y Silas en
LA CÁRCEL

Lee Hechos 16:1-40.
Encuentra y encierra en un círculo las siguientes palabras.

J	W	L	F	S	V	K	E	R	L	O	V	C	X	J
C	H	P	X	T	M	H	I	I	O	V	R	M	Y	T	V
A	C	C	M	P	D	X	E	M	A	A	C	S	E	I
R	G	N	A	Z	X	H	S	A	Q	R	R	D	R	Z
C	K	B	N	S	F	B	U	N	V	S	A	L	R	F
E	D	E	J	W	A	E	S	O	C	A	V	G	E	I
L	Z	T	G	Z	P	Y	M	U	H	K	D	Q	M	L
E	D	C	A	N	T	A	R	D	P	P	G	G	O	I
R	W	B	N	H	E	U	M	B	I	G	G	S	T	P
O	Q	M	A	G	I	S	T	R	A	D	O	P	O	O
P	U	E	R	T	A	S	T	P	S	I	L	A	S	S
J	K	G	Y	Z	P	V	F	V	G	L	A	Z	Z	O
F	D	A	T	D	J	N	Y	H	F	P	C	R	N	L
Q	E	S	P	A	D	A	I	N	X	I	C	N	U	J
X	M	Z	G	I	P	A	B	L	O	M	Q	S	L	R

PABLO

CANTAR

SILAS

MAGISTRADO

ORAR

ROMANO

ESPADA

CARCELERO

CASA

FILIPOS

TERREMOTO

PUERTAS

"Pero a medianoche, orando Pablo y Silas, cantaban himnos a Dios..."

(Hechos 16:25)

Dibuja a Pablo y Silas en las acciones.

Ciudadanía romana

"Pero Pablo les dijo: 'Después de azotarnos públicamente sin sentencia judicial, siendo ciudadanos romanos, nos echaron en la cárcel, ¿y ahora nos echan encubiertamente? No, por cierto, sino vengan ellos mismos a sacarnos'. Y los alguaciles hicieron saber estas palabras a los magistrados, los cuales tuvieron miedo al oír que eran romanos. Y viniendo, les rogaron…" (Hechos 16:37-39).

Durante los primeros siglos d.C., la ciudadanía romana era un premio muy codiciado. Era un estatus político y legal privilegiado otorgado a individuos nacidos libres (no esclavos). Aunque Pablo era hebreo, nació en la ciudad de Tarso, que formaba parte del vasto Imperio romano. Su nacimiento en Tarso le otorgó la ciudadanía romana. A los ciudadanos romanos se les concedió una variedad de derechos que se les negó al resto de la población del Imperio romano. Tenían el derecho a un juicio legal justo y el derecho a pedirle al César que escuchara un caso. Los ciudadanos que fueron condenados a muerte se salvaron de algunos de los métodos de ejecución. Cuando los magistrados supieron que Pablo y Silas eran ciudadanos romanos, les pidió disculpas y les pidió que abandonaran la ciudad.

1. ¿Por qué Pablo tenía ciudadanía romana?

_____

2. Lee Hechos 16:25–40. ¿Por qué crees que los magistrados tenían miedo?

_____

_____

¡Colorea el soldado romano!

¡Terremoto!

Diseña una celda de prisión.
¡Usa tu imaginación!

Imagina que eres el carcelero. Escribe una entrada de diario sobre el terremoto.

....

....

....

....

....

....

....

....

Este milagro me enseña...

....

....

....

....

....

....

Dibuja a Pablo y Silas en prisión.

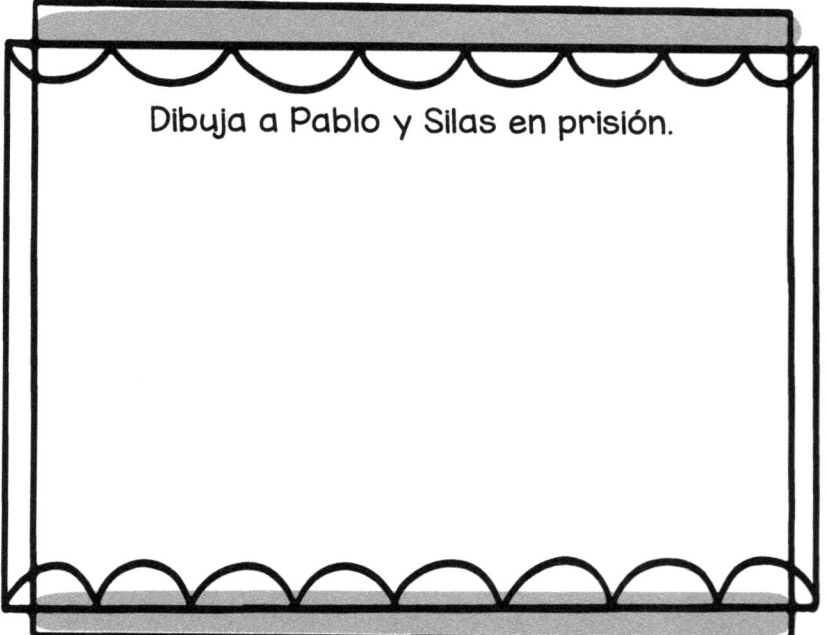

Ciudad de Filipos

La antigua ciudad de Filipos, ubicada en la actual Macedonia oriental, era una parte importante del Imperio romano. Fue fundada en 356 a.C. por el rey de Macedonia, Felipe II, y luego fue anexada por los romanos en el 42 a.C. Filipos sirvió como base militar para el Imperio romano, controlando la ruta comercial entre Europa y Asia. También fue un centro cultural, con teatro popular, gimnasio, baños y otros edificios públicos. Era un centro importante del gobierno romano, con el Senado y los funcionarios de la corte a menudo reuniéndose para aprobar leyes. Durante el reinado de Augusto, Filipo fue escenario de una gran batalla en la que Marco Antonio y Octavio derrotaron a Bruto y Casio.

Durante la época del Nuevo Testamento, Filipos fue el hogar de una gran población de israelitas que habían vivido en la ciudad desde la época de Alejandro Magno. La ciudad también fue el hogar de muchos creyentes en el Mesías, quienes se sintieron atraídos por las enseñanzas de Pablo y Silas. Fue durante este tiempo que ocurrió la famosa historia de Pablo y la esclava. Paul y Silas llegaron a la ciudad y se encontraron con la niña, que no podía ser liberada de su demonio debido a la negativa de sus dueños a entregarla. Pablo y Silas expulsaron al demonio, causando un gran alboroto en la ciudad. En la actualidad, Filipos alberga las ruinas de la ciudad antigua, incluidas las ruinas del foro romano y el teatro donde predicaron Pablo y Silas.

Lee el artículo. Responde las preguntas.

1. ¿Por qué Filipos era una ciudad importante en el Imperio romano?

2. ¿Cuándo ocurrió la famosa historia de Pablo y la esclava?

3. ¿Cuál es la importancia de la ciudad de Filipos?

GUÍA DE RESPUESTAS

Lección 1: Cruce del mar Rojo
Repaso de la historia de la Biblia:
1. La Fiesta de los Panes sin Levadura es uno de los Tiempos Designados de Dios (Fiestas). A los israelitas se les dijo que comieran pan sin levadura durante siete días
2. Dios condujo a los hebreos por el desierto en una columna de fuego y una columna de nube
3. El faraón reunió a su ejército y persiguió a los hebreos
4. Dios abrió el mar Rojo para que pudieran caminar sobre tierra seca
5. El ejército egipcio se ahogó en el mar Rojo

Cuestionario de la Biblia: Cruce del mar Rojo
1. Moisés sacó a los israelitas de Egipto
2. Armas, joyas de los egipcios y los huesos de José
3. El ángel de Dios en una columna de nube o fuego
4. El ejército egipcio persiguió a los israelitas
5. Pi Hahiroth, entre Migdol y el mar, frente a Baal Zephon
6. Levantó su vara y extendió su mano sobre el mar
7. Mar Rojo
8. Dios hizo que se rompieran las ruedas de sus carros
9. El ejército egipcio se ahogó en el mar
10. Los israelitas cantaron un cántico a Yahweh, el Dios de Abraham, Isaac y Jacob

Sopa de letras de la Biblia: Cruce del mar Rojo

Hoja de trabajo: ¡Libera a Mi pueblo!
1. Los israelitas eran esclavos en la tierra de Egipto. Querían que Dios los liberara
2. Pida a los niños que respondan esta pregunta. Las respuestas pueden variar
3. Cuando los israelitas salieron de la tierra de Egipto, llevaron consigo masa sin levadura, la plata, el oro y la ropa de los egipcios y grandes rebaños de ganado, tanto de ovejas como de vacas (Éxodo 12)

Hoja de trabajo: ¿Descubrimiento del mar Rojo?
1. A lo largo del puente terrestre, buzos y científicos descubrieron ruedas de carruajes cubiertas de coral y huesos de animales fosilizados en el fondo del mar. Algunas ruedas todavía estaban en sus ejes y otras estaban fuera. Incluso había cabinas de carros sin ruedas

Lección 2: Agua de la roca
Repaso de la historia de la Biblia:
1. La congregación de Israel consistía de hebreos y una multitud mixta de personas
2. Los israelitas pelearon con Moisés porque tenían sed
3. Éxodo 17:1-7 describe el milagro en Refidim
4. Moisés llamó el nombre del lugar Masah y Meriba a causa de las disputas del pueblo de Israel, y porque probaron a Dios diciendo: "¿Está entre nosotros o no?"
5. Pida a los niños que respondan esta pregunta. Las respuestas pueden variar

Cuestionario de la Biblia: Agua de la roca
1. Moisés
2. Refidim
3. Los israelitas se quejaron porque no había agua para beber
4. "¿Qué haré con este pueblo? Están listos para apedrearme".
5. Toma algunos de los ancianos de Israel y la vara con la que golpeaste el Nilo. Yo estaré delante de ti sobre la roca en Horeb. Golpearás la peña y saldrá agua de ella.
6. Sí, Moisés obedeció las instrucciones de Dios
7. Moisés golpeó la roca con una vara
8. Masah y Meriba
9. Moisés llamó al lugar Masah y Meriba porque los israelitas pelearon y probaron a Dios
10. Horeb

Sopa de letras de la Biblia: Agua de la roca

Hoja de trabajo: ¿Quién fue Moisés?

1. La hija del faraón adoptó a Moisés
2. Moisés mató a un egipcio, por lo que huyó a la tierra de Madián
3. Dios envió a Moisés de regreso a la tierra de Egipto para liberar al pueblo de Israel
4. Moisés tuvo dos hijos: Gersón y Eliezer
5 Pida a los niños que respondan esta pregunta. Las respuestas pueden variar
6. Pida a los niños que respondan esta pregunta. Las respuestas pueden variar

Lección 3: Cruce del Jordán
Repaso de la historia de la Biblia:

1. Los israelitas eran hebreos que Dios había liberado de la esclavitud en Egipto. Pertenecían a las doce tribus de Israel
2. Dios le dijo a Josué: "Hoy comenzaré a exaltarte a los ojos de todo Israel, para que sepan que como estuve con Moisés, así estaré contigo. Y en cuanto a ti, manda a los sacerdotes que llevan el arca de la alianza: 'Cuando lleguéis a la orilla de las aguas del Jordán, os detendréis en el Jordán'"
3. Los israelitas no podían cruzar fácilmente el río porque estaba desbordado
4. El río dejó de fluir en un pueblo llamado Adam río arriba y la gente pudo cruzar al otro lado
5. Los israelitas construyeron un monumento de piedra

Cuestionario de la Biblia: Cruce del Jordán

1. Cuando veáis el arca de la alianza llevada por los sacerdotes, síganla
2. Los cananeos, heteos, heveos, ferezeos, gergeseos, amorreos y jebuseos
3. Los sacerdotes levitas llevaron el arca de la alianza a través del Jordán

4. 1.000 yardas / 900 metros / 2.000 codos
5. Tan pronto como los pies de los sacerdotes tocaron las aguas
6. La nación de Israel
7. Las tribus de Rubén, Gad y la media tribu de Manasés
8. Toma doce piedras (una por cada tribu de Israel) y construye un monumento
9. El río volvió a su estado original de inundación
10. Los reyes amorreos y cananeos se asustaron cuando oyeron que Israel cruzaba el Jordán

Sopa de letras de la Biblia: Cruce del Jordán

Hoja de trabajo: Cruce del río Jordán

1. Josué 3:15 y Josué 4:19 mencionan la temporada de la cosecha y la época del año
2. Temas de discusión: duración de la travesía, posición del agua, el ejército egipcio, el arca de la alianza y la época del año

Hoja de trabajo: El río Jordán

a) Longitud: 223 millas (360 kilómetros)
b) Comienza: Laderas del monte Hermón, en la frontera de Líbano y Siria
c) Dirección en la que fluye: Sur (a través del norte de Israel hasta el Mar Muerto)
d) Desemboca en: Mar Muerto
e) Importancia del valle del río Jordán para el antiguo Israel: Agricultura (cultivo de palmeras y dátiles y extracción de mineral de hierro)
f) Dos historias bíblicas famosas: Josué y la conquista de Canaán (Josué 1-4), Juan el Bautista bautizó a Yeshua en el Jordán (Mateo 3)

Lección 4: Elías y los profetas de Baal
Repaso de la historia de la Biblia:

1. Elías era un profeta de Dios (el Dios de Abraham, Isaac y Jacob)

2. No había llovido porque los israelitas estaban adorando dioses falsos (adulterio espiritual)
3. El pueblo de Israel son los descendientes de Jacob (Israel). Son miembros de las 12 tribus de Israel
4. Los falsos profetas gritaban y bailaban alrededor de su altar desde la mañana hasta el mediodía. Después de que no pasó nada, gritaron más fuerte y se cortaron con espadas y lanzas hasta que les brotó la sangre
5. Construyó un altar, lo roció con agua y oró a Dios

Cuestionario de la Biblia: Fuego del cielo
1. Dios no envió lluvia sobre la tierra durante tres años
2. En total, hubo 850 falsos profetas
3. Elías convocó a todo Israel y a los falsos profetas al monte Carmelo
4. Los falsos profetas danzaron alrededor del altar y se cortaron a sí mismos con espadas y lanzas hasta que fluyó su sangre
5. Elías sacrificó un toro en el altar
6. El fuego del cielo quemó el agua, las piedras, la tierra y el sacrificio
7. Una piedra por cada una de las 12 tribus de Israel
8. Se llenaron cuatro tinajas con agua tres veces
9. Cuando el pueblo vio fuego del cielo, se postraron sobre sus rostros
10. Yahweh, el Dios de Abraham, Isaac y Jacob, es el Dios verdadero

Sopa de letras de la Biblia: Fuego del cielo

¿Cuál es la palabra? Fuego del cielo
Entonces dijo Elías a todo el pueblo: "Acercaos a mí". Y todo el pueblo se le acercó; y él arregló el altar de Dios que estaba arruinado. Y tomando Elías doce piedras, conforme al número de las tribus de los hijos de Jacob, al cual había sido dada

palabra de Dios diciendo, "Israel será tu nombre", edificó con las piedras un altar en el nombre de Dios; después hizo una zanja alrededor del altar, en que cupieran dos medidas de grano. Preparó luego la leña, y cortó el buey en pedazos, y lo puso sobre la leña. 34 Y dijo: Llenad cuatro cántaros de agua, y derramadla sobre el holocausto y sobre la leña. Y dijo: "Hacedlo otra vez"; y otra vez lo hicieron. Dijo aún: "Hacedlo la tercera vez"; y lo hicieron la tercera vez, de manera que el agua corría alrededor del altar, y también se había llenado de agua la zanja. Cuando llegó la hora de ofrecerse e holocausto, se acercó el profeta Elías y dijo: "Dios de Abraham, de Isaac y de Israel, sea hoy manifiesto que tú eres Dios en Israel, y que yo soy tu siervo, y que por mandato tuyo he hecho todas estas cosas. Respóndeme, Dios, respóndeme, para que conozca este pueblo que tú eres el Dios, y que tú vuelves a ti el corazón de ellos". Entonces cayó fuego de Dios, y consumió el holocausto, la leña, las piedras y el polvo, y aun lamió el agua que estaba en la zanja. Viéndolo todo el pueblo, se postraron y dijeron: "¡Elohim es el Dios, Elohim es el Dios!".

Lección 5: Jonás y el gran pez
Repaso de la historia de la Biblia:
1. Un profeta es una persona llamada por Dios para hablar por Él
2. Dios le dijo a Jonás que fuera a Nínive y predicara el arrepentimiento a la gente
3. Los marineros experimentaron una tormenta violenta
4. Jonás se arrepintió (se volvió a Dios) dentro del gran pez
5. Después de que el gran pez escupió a Jonás, él fue a Nínive y le dijo a la gente que se arrepintiera

Cuestionario de la Biblia: Tragado por un pez
1. Dios le dijo a Jonás que fuera a Nínive
2. Tarsis
3. Jonás abordó el barco en el puerto marítimo de Jope
4. Después de que el barco zarpó hacia Tarsis, Dios envió una tormenta
5. Los marineros arrojaron a Jonás por la borda
6. Jonás fue tragado por un gran pez
7. Jonás estuvo dentro del gran pez durante tres días y tres noches
8. Dentro del pez, Jonás oró y se volvió a Dios (arrepentimiento)
9. Dios le habló al pez y este escupió a Jonás en tierra seca
10. Jonás les dijo a los ninivitas que se arrepintieran

Sopa de letras de la Biblia: Tragado por un pez

Hoja de trabajo de la Biblia: ¿Quién fue Jonás?
1. Jonás era hijo de Amitai. Venía de Gat-hefer (en Zabulón)
2. Jonás era un profeta hebreo de Dios
3. Dios envió a Jonás a Nínive para predicar el arrepentimiento
4. Jonás trató de huir a Tarsis porque no quería predicar el arrepentimiento en Nínive
5. Pida a los niños que respondan esta pregunta. Las respuestas pueden variar
6. Pida a los niños que respondan esta pregunta. Las respuestas pueden variar

Hoja de trabajo: Ciudad de Nínive
1. Pida a los niños que respondan esta pregunta. Las respuestas pueden variar
2. Pida a los niños que respondan esta pregunta. Las respuestas pueden variar

Lección 6: El horno de fuego
Repaso de la historia de la Biblia:
1. El rey Nabucodonosor era el rey de Babilonia
2. Sadrac, Mesac y Abed-nego eran tres hombres hebreos que habían sido capturados y llevados a Babilonia
3. Pida a los niños que respondan esta pregunta. Las respuestas pueden variar
4. Pida a los niños que respondan esta pregunta. Las respuestas pueden variar
5. Pida a los niños que respondan esta pregunta. Las respuestas pueden variar

Cuestionario de la Biblia: El horno de fuego
1. Babilonia
2. Sadrac, Mesac y Abed-nego
3. El rey Nabucodonosor
4. Sadrac, Mesac y Abed-nego se negaron a adorar la imagen de oro del rey

5. El rey hizo que los arrojaran al horno
6. El horno se calentó siete veces más de lo normal
7. Los valientes murieron quemados
8. Cuatro hombres que caminaban seguros en el fuego
9. El cabello de los muchachos no estaba chamuscado, sus ropas no se habían cambiado y no olían a humo
10. A Sadrac, Mesac y Abed-nego se les dio trabajos más importantes

Sopa de letras de la Biblia: El horno de fuego

Hoja de trabajo: Hornos de la antigua Babilonia
1. Los hornos de barro se construían cavando un hoyo en la tierra y cubriéndolo con arcilla. Luego se construían las paredes del pozo y se colocaba en el fondo el combustible, típicamente hecho de madera, carbón vegetal y estiércol animal. Una pequeña abertura en la parte superior del horno permitiría que el calor escapara y se agregara el combustible. Luego, las paredes de arcilla se sellaban con arcilla y arena y se encendía el fuego
2. Se usaba un tipo de horno conocido como tannur para fundir metales. Este horno estaba hecho de ladrillos cocidos y estaba construido con una parte superior en forma de cúpula y una base ahusada. Este diseño permitió una distribución de calor más eficiente y permitió que el calor alcanzara temperaturas más altas
3. Los hornos de la antigua Babilonia jugaron un papel vital en la producción de bienes y el avance de su civilización. También se utilizaron como medio de tortura y ejecución para las personas que desobedecían al rey

Lección 7: Daniel y los leones
Repaso de la historia de la Biblia:
1. Era una ley de los medos y los persas que ningún mandamiento u ordenanza que estableciera el rey podía cambiarse
2. El rey selló la puerta con su anillo de sello

3. Dios envió un ángel para cerrar la boca de los leones
4. Los leones no lastimaron a Daniel porque él confiaba en Dios
5. El rey apreciaba a Daniel y no quería que los leones lo mataran

Cuestionario de la Biblia: Daniel y los leones

1. Beltsasar
2. Daniel interpretó los sueños del rey
3. Daniel comió y bebió legumbres y agua
4. Un grupo de sátrapas
5. Daniel fue arrojado al foso de los leones
6. Daniel fue arrojado al foso de los leones por orar a Yahweh, el Dios de Abraham, Isaac y Jacob en lugar de orar al rey de Babilonia
7. El rey Darío hizo arrojar a Daniel a los leones
8. El foso de los leones fue sellado con una piedra grande
9. Un ángel de Dios cerró la boca de los leones
10. Fueron arrojados al foso de los leones

Sopa de letras de la Biblia: Daniel y los leones

Hoja de trabajo: Los sátrapas persas

1. El rol de un sátrapa era acuñar monedas, recaudar impuestos y tributos, controlar a los funcionarios locales y hacer cumplir la ley y el orden en la provincia
2. Pida a los niños que respondan esta pregunta. Las respuestas pueden variar
3. Pida a los niños que respondan esta pregunta. Las respuestas pueden variar

Lección 8: Las bodas de Caná
Repaso de la historia de la Biblia:

1. Yeshua, Sus discípulos y Su madre María asistieron a la boda
2. La boda se llevó a cabo en Caná de Galilea

3. Yeshua convirtió el agua en vino
4. Yeshua les dijo a los sirvientes que llenaran las tinajas de piedra con agua
5. Pida a los niños que respondan esta pregunta. Las respuestas pueden variar

Cuestionario de la Biblia: Las bodas de Caná

1. Yeshua fue invitado a una boda
2. Un pueblo llamado Caná
3. María era la madre de Yeshua
4. Los discípulos de Yeshua y Su madre
5. Seis tinajas de piedra
6. Cada tinaja contenía 20 o 30 galones
7. Yeshua les dijo a los sirvientes que llenaran las tinajas con agua
8. Yeshua convirtió el agua en vino
9. El maestresala llamó al novio
10. Capernaum

Sopa de letras de la Biblia: Las bodas de Caná

Hoja de trabajo: Una boda hebrea

1. El padre del novio
2. Ve, recoge a la novia y tráela a casa para una fiesta de bodas

Lección 9: Alimentando a los 5.000
Repaso de la historia de la Biblia:

1. Una multitud de israelitas seguía a Yeshua porque había realizado muchos milagros
2. Pida a los niños que respondan la pregunta. Las respuestas pueden variar
3. Yeshua alimentó a 5.000 hombres con cinco panes de cebada y dos peces
4. Yeshua les dijo a Sus discípulos que recogieran los pedazos de pan para que nada se perdiera
5. Pida a los niños que respondan la pregunta. Las respuestas pueden variar

Cuestionario de la Biblia: Alimentando a los 5.000

1. El niño tenía dos peces y cinco panes de cebada
2. 5.000 hombres, más mujeres y niños
3. Lago Tiberíades
4. En una colina (montaña) cerca del mar de Galilea
5. Para probar a Felipe
6. Yeshua bendijo el pan
7. Doce canastas se llenaron con las sobras
8. Este evento tuvo lugar en Galilea
9. La Fiesta de los Panes sin Levadura
10. Yeshua se fue a una montaña solo a orar

Sopa de letras de la Biblia: Alimentando a los 5.000

Hoja de trabajo: Galilea

1. La región de Galilea era principalmente agraria, con una próspera industria pesquera. Contenía una abundancia de recursos naturales, incluyendo aceite de oliva, higos, miel y trigo
2. Los discípulos de Yeshua de Galilea incluían a Pedro, Andrés, Felipe y Bartolomé, así como muchos otros seguidores
3. Los zelotes, un movimiento político de Judea, estaban activos en Galilea (Judas y Simón eran zelotes). Se opusieron al dominio romano y buscaron restaurar la independencia de Judea

Lección 10: Calmando la tormenta
Repaso de la historia de la Biblia:

1. Esta historia tuvo lugar en el mar de Galilea
2. Pida a los niños que respondan esta pregunta. Las respuestas pueden variar
3. Yeshua reprendió a Sus discípulos porque estaba molesto por su falta de fe
4. Los discípulos estaban asombrados
5. Pida a los niños que respondan esta pregunta. Las respuestas pueden variar

Cuestionario de la Biblia: Calmando la tormenta

1. El nombre hebreo de Jesús es Yeshua
2. Esta historia tuvo lugar en el mar de Galilea
3. Por la tarde
4. " Pasemos al otro lado (del mar)".
5. Se levantó un gran vendaval
6. La barca empezó a llenarse de agua porque las olas rompían por los lados
7. Yeshua estaba durmiendo en la popa de la barca
8. " Maestro, ¿no te importa que perezcamos?"
9. Yeshua reprendió al viento y dijo al mar: "Calla, enmudece "
10. Los discípulos dijeron: "¿Quién es este hombre, que hasta el viento y el mar le obedecen?"

Sopa de letras de la Biblia: Calmando la tormenta

Hoja de trabajo: Lago Tiberíades

1. La temperatura promedio en el lago Tiberíades es entre mediados de los 60 y 70 grados Fahrenheit (18-21 grados Celsius)
2. Posiblemente un barco de pesca. Pida a los niños que respondan esta pregunta. Las respuestas pueden variar
3. La velocidad máxima del viento en el lago Tiberíades es de 40 mph (64 km/h)

Lección 11: Los diez leprosos
Repaso de la historia de la Biblia:

1. Esta historia tuvo lugar entre Samaria y Galilea
2. Los personajes principales de esta historia son Yeshua y los diez leprosos
3. Yeshua sanó a los diez leprosos diciéndoles: "Id, mostraos a los sacerdotes".
4. Los samaritanos eran una mezcla de extranjeros e israelitas casados entre sí. La raza se produjo después del cautiverio asirio del reino del norte de Israel en 721 a.C. Ciertos israelitas de las tribus del norte de Israel se quedaron atrás. Se casaron con los asirios, produciendo los samaritanos. Tenían su propio templo, una copia de la Torá y su propio sistema religioso

5. El hombre fue el único de los diez leprosos que respondió a la curación de Yeshua regresando para agradecerle y alabar a Dios. Él fue el único que mostró gratitud

Cuestionario de la Biblia: Los diez leprosos
1. Yeshua se dirigía a Jerusalén
2. Yeshua estaba entrando en una aldea cuando vio a los leprosos
3. Los leprosos dijeron: "Yeshua, Maestro, ten piedad de nosotros".
4. Yeshua les dijo: "Id y mostraos a los sacerdotes". Y mientras iban, fueron limpiados
5. Se volvió alabando a Dios en alta voz, y luego se postró a los pies de Yeshua, dándole gracias
6. Un samaritano
7. "¿No son diez los que fueron limpiados? Y los nueve, ¿dónde están? ¿No hubo quien volviese y diese gloria a Dios sino este extranjero?"
8. "Levántate, vete; tu fe te ha salvado"
9. Pida a los niños que respondan esta pregunta. Las respuestas pueden variar
10. Yeshua era de la tribu de Judá

Sopa de letras de la Biblia: Los diez leprosos

Hoja de trabajo: Los samaritanos
1. Las diez tribus de Israel (del Reino del Norte de Israel) fueron llevadas a Asiria por el rey asirio, quien envió gente de otras naciones a vivir en Samaria (2 Reyes 17:24; Esdras 4:2-11)
2. Los samaritanos inicialmente adoraban a los ídolos de sus propias naciones, pero cuando los leones los molestaron, creyeron que era por su falta de honrar al Dios de esa región. En consecuencia, se les envió un sacerdote de Asiria para enseñarles la religión hebrea. Los samaritanos siguieron las enseñanzas de Moisés, pero aún mantuvieron algunas de sus costumbres idólatras
3. Los samaritanos resistieron los esfuerzos de Nehemías para reconstruir el templo en Jerusalén (Nehemías 6:1-

14); los samaritanos construyeron su propio templo en el monte Gerizim y establecieron a Manasés como su sumo sacerdote para perpetuar su religión idólatra (Josué 20:6-7, 21:21); Samaria se convirtió en un refugio seguro para los forajidos y los que evadían la justicia, y los samaritanos solo aceptaban los cinco libros de Moisés y rechazaban los escritos de los profetas y todas las tradiciones hebraicas

Lección 12: La resurrección de Lázaro
Repaso de la historia de la Biblia:
1. Lázaro era un israelita, hermano de María y Marta, amigo de Yeshua
2. Pida a los niños que respondan esta pregunta Las respuestas pueden variar
3. Cuando morimos, nos quedamos dormidos esperando la resurrección
4. Pida a los niños que respondan esta pregunta. Las respuestas pueden variar
5. Marta dijo: "Yo sé que mi hermano Lázaro resucitará en la resurrección del último día"

Cuestionario de la Biblia: La resurrección de Lázaro
1. María y Marta eran las hermanas de Lázaro
2. Los discípulos tenían miedo de ser asesinados por los líderes religiosos
3. " Lázaro se ha dormido, pero iré a despertarlo".
4. Cuatro días
5. "Si hubieras estado aquí, mi hermano no habría muerto. Pero aun ahora sé que todo lo que pidas a Dios, Él te lo dará".
6. "Tu hermano resucitará".
7. "¿Aquel que abrió los ojos del ciego, no podría también impedir que este muriera?"
8. Una cueva con una puerta de piedra
9. "Lázaro, ven fuera"
10. Algunos creyeron en Yeshua, y algunos contaron lo que Él había hecho a los fariseos

Sopa de letras de la Biblia: La resurrección de Lázaro

Hoja de trabajo: Tumbas excavadas en roca en Israel

1. El grupo de tumbas más elaborado se encontraba en el Valle de Cedrón, frente al Monte del Templo. Estos incluían la Tumba de Benei Hezir, el monumento de la Tumba de Zacarías (que en realidad no era una tumba), la Tumba de Absalón y la Cueva de Josafat
2. Las entradas generalmente estaban selladas con una gran losa de piedra, en la que estaba inscrito el nombre de la persona fallecida
3. Las Tumbas del Sanedrín estaban ubicadas al norte de Jerusalén y se conocían así porque la más grande de ellas tenía 70 cámaras con bancas funerarias, correspondientes a los 70 miembros del Sanedrín. En realidad, cada una de las tres tumbas habría albergado los entierros de una sola familia acomodada multigeneracional

Hoja de trabajo: Betania

1. Mientras los discípulos observaban a Yeshua ascender al cielo, dos ángeles les hablaron diciendo: "Varones galileos, ¿por qué estáis mirando al cielo? Este mismo Jesús, que ha sido tomado de vosotros al cielo, así vendrá como le habéis visto ir al cielo" (Hechos 1:11)

Lección 13: Curación del paralítico
Repaso de la historia de la Biblia:

1. Capernaum estaba en la orilla norte del mar de Galilea
2. Los hombres querían que Yeshua sanara a su amigo paralítico
3. Yeshua sanó al paralítico
4. Los escribas y fariseos cuestionaron a Yeshua
5. El paralítico se levantó, recogió su camilla y se fue a casa

Cuestionario de la Biblia: Curación del paralítico

1. Yeshua enseñó a la gente en el pueblo de Capernaum
2. Se reunió tanta gente que no había lugar en la casa
3. Yeshua estaba enseñando las Escrituras
4. Cuatro hombres cargaron al paralítico
5. Los cuatro hombres no podían acercarse Yeshua porque la casa estaba demasiado llena
6. Los hombres hicieron una abertura en el techo y bajaron al paralítico hacia Él
7. Yeshua le dijo al paralítico: "Hijo, tus pecados te son perdonados".
8. Pida a los niños que respondan esta pregunta. Las respuestas pueden variar
9. Yeshua le dijo al paralítico: "Levántate, toma tu cama y vete a casa".
10. La gente estaba asombrada y glorificaba a Dios, diciendo: "¡Nunca vimos algo así!"

Sopa de letras de la Biblia: Curación del paralítico

Hoja de trabajo: Capernaum

1. Las personas que vivían en Capernaum eran en su mayoría galileos, pero también había otros israelitas, griegos, sirios y romanos
2. Las casas en Capernaum eran generalmente edificios de un piso con piso empedrado, ventanas abiertas y techos de vigas de madera, paja, y barro

Lección 14: Pedro escapa de la cárcel
Repaso de la historia de la Biblia:

1. Pedro estaba en prisión por enseñar que Yeshua era el Mesías
2. El rey Herodes Agripa era el rey de Judea
3. La iglesia era/es un Cuerpo de creyentes en el Mesías
4. Un ángel de Dios golpeó a Pedro en el costado, causando que las cadenas se le cayeran de las manos. Luego condujo a Pedro a través de la puerta de hierro y fuera de la ciudad
5. Pida a los niños que respondan esta pregunta. Las respuestas pueden variar

Cuestionario de la Biblia: Pedro escapa de la cárcel

1. El rey Herodes Agripa
2. Santiago, el hermano de Juan
3. La Fiesta de los Panes sin Levadura
4. Cuatro escuadrones de soldados custodiaban a Pedro
5. En cadenas
6. La Iglesia
7. Un ángel golpeó a Pedro en el costado, haciendo que las cadenas se cayeran de sus manos
8. "Envuélvete en tu capa y sígueme".
9. La puerta de hierro de la ciudad se abrió sin ayuda
10. Pedro fue primero a la casa de María

Sopa de letras de la Biblia: Pedro escapa de la cárcel

Hoja de trabajo: ¿Quién fue Pedro?
1. Pedro era un pescador del pueblo de Betsaida
2. Pedro era uno de los 12 discípulos. Su hermano era Andrés
3. Pedro negó al Mesías en Lucas 22, Marcos 14 y Mateo 26
4. Pedro es famoso por muchas cosas, incluyendo el negar al Mesías, permitir que Yeshua lavara sus pies en la Última Cena, proclamar a Yeshua como el Mesías, nadar hacia Yeshua en el mar de Galilea y escapar de la prisión

Lección 15: Pablo y Silas en la cárcel
Repaso de la historia de la Biblia:
1. Pablo y Silas fueron encarcelados porque habían expulsado un espíritu maligno de una esclava que adivinaba la suerte
2. Mientras Pablo y Silas oraban y cantaban, un terremoto sacudió repentinamente la prisión, causando que las puertas de la prisión se abrieran y las cadenas de todos los prisioneros se desataran
3. Un terremoto es una sacudida repentina del suelo causada por el movimiento de grandes rocas subterráneas a lo largo de una falla
4. Pablo y Silas le dijeron al carcelero que todos en la prisión estaban a salvo y que ninguno de los presos habían escapado
5. Los magistrados querían sacarlos de la cárcel porque Pablo y Silas eran ciudadanos romanos

Cuestionario de la Biblia: Pablo y Silas en la cárcel
1. Pablo y Silas fueron encarcelados en la ciudad de Filipos
2. Los pies de los hombres fueron atados a un cepo
3. Pablo y Silas oraron y cantaron himnos a Dios
4. Un terremoto abrió las puertas de la prisión
5. Porque el carcelero pensó que los presos habían escapado
6. Para lavar sus heridas y escuchar la Palabra de Dios
7. Porque habían llegado a creer en Dios

8. Porque los magistrados supieron que Pablo y Silas eran ciudadanos romanos
9. Los magistrados pidieron a Pablo y Silas que salieran de la ciudad
10. Pablo y Silas visitaron la casa de Lidia antes de salir de la ciudad

Sopa de letras de la Biblia: Pablo y Silas en la cárcel

Hoja de trabajo: Ciudadanía romana
1. Pablo tenía ciudadanía romana porque nació en la ciudad de Tarso, que era una colonia romana. A los ciudadanos romanos se les otorgaron muchos beneficios, como el derecho al voto, el derecho a la propiedad y el derecho a ser juzgados en un tribunal romano

Hoja de trabajo: Ciudad de Filipos
1. Filipos era una ciudad importante en el Imperio romano porque servía como base militar estratégica y controlaba la ruta comercial entre Europa y Asia. También fue un centro cultural, con un próspero teatro, gimnasio, baños y otros edificios públicos, y fue un centro importante del gobierno romano
2. La famosa historia de Pablo y la esclava ocurrió durante la época del Nuevo Testamento, cuando Pablo y Silas visitaron la ciudad de Filipos
3. La ciudad de Filipos es importante porque fue el lugar de una gran batalla en la que Marco Antonio y Octavio derrotaron a Bruto y Casio, lo que marcó el fin de la República romana y el comienzo del Imperio romano. También fue el hogar de muchos creyentes en el Mesías, que se sintieron atraídos por las enseñanzas de Pablo y Silas

◆◇ ¡DESCUBRE MÁS LIBROS DE ACTIVIDADES! ◇◆

Disponibles para comprar en shop.biblepathwayadventures.com

¡DESCARGA INSTANTÁNEA!

Libro de Actividades de Cuestionarios de la Biblia
Libro de Actividades de las 12 tribus de Israel
Aprendiendo Hebro: El Alfabeto Libro de Actividades
Libro de Actividades Festivos de Primavera
Bereshit | Génesis - Libro de Actividades con Porciones de la Torá
Shemot | Éxodo - Libro de Actividades con Porciones de la Torá
Vayikra | Levítico - Libro de Actividades con Porciones de la Torá
Libro de Actividades de las Fiestas de la Primavera

www.biblepathwayadventures.com
Libro de actividades de los milagros de la Biblia
137